催 眠
和你想的不一樣
The truth of Hypnosis

唐道德——著

目次 | Contents

 催眠跟你想的不一樣

德派催眠雞尾酒療法

這就是真正的創造力

高雄四維文教院前院長／王輔天（Charles Welsh）神父

．．．．．．．．．．．．．．．．．．．．．．．．．．．．．．．．．．．

當唐道德（在華人催眠界廣為人知的名字──阿德）要我為他的新書《催眠和你想的不一樣》寫序言的時候，我眨了眨眼，這並不是說我沒有在工作坊或個案工作時使用催眠的經驗，而是身為一個外國人，要用中文讀一本書，然後再用中文寫一篇介紹它的序言，這是我從未嘗試過的事情。

坦白說，這有點超出我的能力範圍，因為這是我第一次這麼做。當然，我還是大膽的答應了，可是在答應之後，卻又覺得我好像是踮著腳尖走路那樣，感覺到自己對這個件事又小心謹慎了起來。

開始閱讀之後，我就發現他的寫作風格，有一種熟悉的感覺，就像他幫忙四維文教院書寫建立的「志工的精神與責任」規則手冊。書裡，他從催眠傳統以及他個人的生命經歷中引入許多的故事，來幫助他說想說的話，這對於那些沒有任何催眠背景或經驗的人來說，這本書會是很有趣而且易於閱讀的。

從書名，我們可以看出這本書的目的以及想澄清的，關於人們對催眠的普遍誤解，例如：催眠只是舞台娛樂，沒有真正的治療能力。而阿

德參考了傳統催眠治療者的成就與經驗，以及他們如何用催眠來解決人的問題等，證明了催眠是具有治療性的。在催眠的歷史部分，他不只是簡單敘述，更將它們與自己的催眠教學、使用經驗互相結合，這些整理紀錄也讓這本書具有自傳的特色，因為裡面充滿有關阿德與學員一起使用催眠術的成就與困難的故事。

書的最後一部分是「阿德的催眠雞尾酒療法」，它解決了學生們重要的需求，而阿德的這些學生已經都是專業的助人工作者，他們來找他，正需要了解催眠是什麼，以及如何將催眠治療應用到他們的工作中，這些有可能是他們在早期學習時沒有學到的，於是阿德「催眠雞尾酒療法」確實成為了本書的重點——如何使用催眠術來治療人。

當然阿德仍大量借鏡了米爾頓・艾瑞克森以及傳統的催眠治療師，那很自然，因為他並不是無師自通，而是跟我們一樣需要向老師學習，不過關鍵在，他不只學到了催眠的精華，還根據了自己的經驗添加了新的東西，而這就是真正的創造力！

用催眠活出身心安頓的人生

NGH亞洲地區總監／陳一德

看過《催眠和你想的不一樣》初稿，首先要恭喜道德老師新書出版，預祝本書暢銷大賣！

道德老師是我們臺灣第一屆NGH催眠講師班的學生，那一班我們訓練出三十四位催眠講師。當時大家對催眠的認識與了解很匱乏，開課招生非常不容易，感恩所有的學員，也更感謝像道德老師一樣堅持在推廣催眠之路的催眠導師，因為我們的努力耕耘，終於讓催眠在臺灣蓬勃發展。

去年我們主辦了第一屆的亞洲NGH催眠研討會，三百多個名額不到一小時就報名額滿，今年亞洲NGH催眠研討會便將報名人數大幅增加至五百多位，在在證明了國人普遍接受催眠在療癒與心靈成長的幫助。

道德老師是一位非常好學的好老師，本書介紹了傳統催眠與艾瑞克森的催眠，大多數的篇幅介紹了艾瑞克森學派的一些觀念與技巧，也很棒的分享許多催眠手稿，提供許多資源、訊息來幫助讀者學習。

傳統催眠一直被認為是以催眠師主導，權威的直接在催眠中建議個案改變。艾瑞克森學派的吉利根博士說：傳統催眠「來訪者是笨蛋只有

催眠師才是聰明的」。我身為NGH的亞洲總監，NGH的催眠課程是以傳統催眠為主，傳統催眠不等於舞台催眠，更不會把個案當做笨蛋，傳統催眠也是人本的，我們幫助個案覺察自己的問題、找到個案自己想要改變的目標，也幫助個案找到達成目標的資源與行動計劃去達成目標，完全是以個案為主，催眠師遵守不主動、不建議、不負責的原則在幫助個案。

我認為很多不好的行為或症狀只是問題的表象，僅僅消除症狀並沒有解決根源的問題，一切仍應該要藉由症狀去覺察症狀背後需要改變的情緒，或是需要療癒的創傷，要療癒症狀背後的問題才能真正的治本。

不論傳統催眠或是艾瑞克森催眠都是幫助個案進入催眠潛意識的狀態，然後運用不同的方式幫助個案改變，就像心理治療的不同學派，八萬四千法門都可以幫助個案，每個個案都有自己適合的方式，只要能夠找到適合個案的方式才是最好的催眠師。也許未來有機會時，能針對不同個案如何去選擇使用艾瑞克森催眠或傳統催眠再做探討。

然而，不管催眠師使用哪種方式幫助個案，最重要的還是我常說的：「一湯匙的技巧，一海洋的愛心。」

催眠師能夠用愛心、耐心幫助個案，才是催眠成功最重要的因素，期勉所有催眠愛好者都能運用催眠，心靈成長，自助助人，活出身心安頓的人生！

每個人都是自己的催眠師

華人臨床催眠師協會理事長、牙醫師／劉安康

....

　　催眠是一種自然的現象，每一個人每一天都會進進出出催眠現象裡無數次，只是大多數的人並不了解這樣的現象就是「催眠」。

　　根基於這樣的事實，我們也可以這麼推斷：每個人都能自己進入催眠，每個人都是自己的催眠師。由這論述，也讓許多催眠師理解了，「所有的催眠都是自我催眠」這一句催眠界名言的意義，這句話是所有受過嚴謹訓練的催眠師一定都會從自己的催眠老師口中聽過的名言，只是，大多數的催眠師所表現的作為，卻不一定能與這句話畫上連結。

　　箇中因素很多，其中最重要的一項因素是，多數催眠師最初接受的催眠教育幾乎以傳統威權式催眠佔絕大部分，教育訓練結束之後，光是消化吸收就花費了一段時間，接著若要以催眠為志業，甚至想將所學應用於助人時，催眠師真要做到得心應手、游刃有餘那又得花費一番心血。這一路走來，他們都未察覺，其實催眠師已不自覺的被傳統型催眠「催眠」了──不斷地學習催眠──但這不也正是學習的真諦？！

　　唯有催眠師不滿於現況，繼續追求更廣闊的催眠，他才會發現，原來用於展現催眠並不局限於這一種模式，還有更寬廣的領域等待他的探

索學習。如同多年來於兩岸推展催眠的阿德，他不拘泥於傳統催眠，積極學習，不斷突破自己的侷限，並將傳統催眠中的各個環節技術，一再精鍊。他也藉著自己對NLP神經語言程式學深刻的理解，和對艾瑞克森式催眠的體會，走出一條綜合的催眠模式。到現在，他仍不斷的進修，不斷汲取合適而優良的題材，並在融會貫通後融入教材中，回饋給學員。

　　這一本著作是阿德這些年來的心得和體會，他以淺顯的文字，將各種類型催眠基礎理論做出清楚的論述，同時不著痕跡的融入了催眠技術之中，並且沒有枯燥的說理和虛幻的炫耀，這讓催眠的輪廓能夠更清晰的顯現在讀者心靈中。

　　他不拘泥於某一學派，而是博採眾家之長，加上自己實際經驗，將容易運用又效果良好的助人方法，組合成一套可以遵循的方法，提出了德派雞尾酒療法，它說明了一條非常精簡有效的治療程序，讓學習以催眠來助人的同學有了可以遵循的方向道路，不至於無跡可尋。

　　在不斷的探索、學習和精進過程中，我們會發現，原來只要將心態改變，專注力集中，很容易的就會改變表達的方式，也能輕易的觸及人們的深處心靈。

　　在一讀再讀的過程裡，每一次重複的閱讀，都會讓人有了更深一層的體悟，從而激發內心深處的那一點靈光，慢慢的將各種學習過的催眠，轉變成更合乎自然且更契合生活的常態。

　　本書不僅適用於專業的助人工作者，也非常合適業餘的興趣者閱讀和實踐，對於學過催眠而總是苦於無法得心應手的催眠師，更是極具價值的參考寶典，我衷心推薦。

靜靜的唐道德

德瑞姆心理學院創始人／史佩綺

「Patty，我的書寫完了，要出版了，要是方便的話你幫我寫些文字可以嗎？」德瑞姆催眠治療師授課老師唐道德靜靜地、輕聲地對我說，他的語調平和宛若春水明月，神情謙然。

唐道德老師是個臺灣人，教授催眠已逾二十餘年。

十年前，合作伊始我曾建議他寫本書（這之前唐老師已經講催眠十數年了），以便於教學，他說：「好的，但我需要些時間，這裡的文化和我先前的環境差異不大，但我想更瞭解這裡學生個性上的差異。瞭解多一點，這樣會更好一點。」唐老師就是這麼個靜靜的「節奏」，期間我向他提起過此事，他告訴我：「再感受感受，再總結總結為好。」

唐道德老師的安靜在德瑞姆及他的學員中是出了名的，剛開始我內心說實在有點「恐慌」，這能讓學生受得了嗎？講師大抵都有「雞血」特質，他靜得讓人發怵。但學員對他的反應出奇的好——在德瑞姆上過唐道德催眠課已逾千人之眾。他不辭勞苦，臺灣大陸兩地來回奔波，在德瑞姆各地分校安安靜靜講課。他的課已是德瑞姆的品牌課程，在各地建構起實訓帶教團隊。國內業界有人甚至正言「天下無人不識君」。我

在這裡，由衷地想對唐老師的貢獻表示謝意和感佩！

一個靜靜的唐道德，竟能讓一門催眠治療課風生水起，學員受益頗豐。在德瑞姆教研院裡總有討論，除了學員們說有很強的實操性、參透力、韌的爆破力外，到底還有什麼呢？

有一天，我讀到《老子》第四十一章中的一段話，似有了些啟發：「上士聞道，勤而行之；中士聞道，若存若亡；下士聞道，大笑之。不笑不足以為道。故建言有之：明道若昧，進道若退，夷道若纇，上德若谷，廣德若不足，建德若偷，質真若渝，大白若辱，大方無隅，大器晚成，大音希聲，大象無形，道隱無名。夫唯道，善貸且成。」

《老子》在此處列舉了大白若辱、大方無隅、大器晚成、大音希聲、大象無形五種現象來說明道的無為境界。即最潔白的東西，反而含有污垢；最方正的東西，反而沒有稜角；最大的器具，反而最晚完成；最大的聲響，反而聽來無聲無息；最大的形象，反而沒有形狀。

唐道德老師及他教授的催眠治療師課的靜，應該說是一種「大音希聲」。當我把從《老子》中讀到的文字，與我試圖去理解唐道德的靜找到契合時，我是很開心的。

前兩天與唐老師通了個電話，我沒有告訴他，我對「靜」理解上的發現。我只是問了他一個小問題：「為什麼與德瑞姆一合作就是十年？」唐道德回答：「德瑞姆，很安靜。」德瑞姆從事應用心理學教育快二十年，風雨二十年，歷經坎坷二十年，沒有靜下來啊！唐道德靜靜地、執拗地說：「德瑞姆，其實是很安靜的。」

各位朋友，建議有暇時，安安靜靜讀一下唐道德。

你所要的資源全都在你身上

ABNLP授證講師、暢銷書作家／陳志恆

．．

　　催眠技術早已被大量用於各式治療當中，但一般大眾仍然感到神祕，並有著各種錯誤的幻想。

　　如何為大眾揭開催眠神祕的面紗，是許多催眠工作者努力的方向。阿德老師就是其中一人，而他所著的這本書，也將幫助有心了解催眠的人，有一個嶄新且精確的觀點。

　　身為一個心理助人者，我接觸催眠已有將近二十年的時間，不敢說自己十分專精，但催眠的精神或技巧仍常不經意地被我使用在助人過程中，通常也能獲得頗為顯著的效果。

　　直到二〇一六年，我認識阿德老師，當時我們一同修習NLP的課程，並一起到美國取得NLPU高階訓練師的文憑，在好幾次的分享及交流間，發現阿德老師在催眠與心理治療方面的底蘊深厚。二〇一八年暑假，我報名參加阿德老師親授的催眠認證班，正式進入德式催眠門下學習。

　　阿德老師教授的催眠，不以炫技為主，而是真正維護當事人的最佳利益。在示範與引導操作的過程中，細緻地為學員拆解技巧背後的原理，並時時提醒我們，催眠師沒有超能力，而是當事人身上早已擁有解

決困境所需的資源，至於催眠師的任務，只是幫他找到資源並展現出來而已。

阿德老師即使早就已經是華人世界難以超越的催眠老師，他仍然十分謙卑，並且不間斷地大量學習，從這本書中，你不難看出阿德老師的博學，那不知道是花了多少時間、上過多少課程與閱讀多少書籍，才能有的成果。

這本書除了談論催眠的相關概念外，最令人興奮的是為讀者介紹了阿德老師本人所研發出來的一套催眠治療系統：德派催眠雞尾酒療法，是融合各催眠流派的大成，更是他多年來的獨到見解。

德派催眠雞尾酒療法除了幫助初學催眠治療者能有個可依循的脈絡外，更傳遞著一個重要的精神，就是當事人本身早已具備解決問題的資源了。在助人過程中，助人者常因企圖為當事人解決問題，而與當事人一同陷入困境當中。然而我們卻忘記，當事人本身具備了強大的身心資源，否則，他是如何活到現在，又是如何來到你的面前？

透過催眠技術，我們可以巧妙地將這些身心資源引發出來，同時巧妙地讓當事人見證並相信：「自己所具備的資源足以幫助自己因應問題。」光是這份相信，對當事人而言就有著巨大無比的力量了。

學習催眠後，讓我知道催眠其實沒什麼；但也同時讓我看見，人有著無限潛能，不管是助人者，或者當事人，身上都早已具備幫助自己生存的資源了。

市面上談催眠的書很多，但能把催眠講清楚的卻很少。如果你要一窺催眠的奧秘，閱讀這一本就夠了，因為，這已堪稱催眠經典之作了。

自序

··

就像大腦裡單一的神經元細胞，如果不能跟其他神經元取得「連結」，大腦就不會供給它養分，這個神經元就注定死亡；人也一樣，不能獨活，我們終究必須取得「連結」，因為「連結」不只讓人得到養分，還回答了存在主義的終極問題：「人活著的意義是什麼？」

「連結」也是大多數 NLP 跟催眠治療的解答，我們會探索來訪者現在的連結是什麼，或是可以怎麼樣更好的連結事物。

回想寫這本書的時候，我有一個野心，希望透過這本書的連結，幫助想認識催眠的人知道：催眠有各種不同的流派各種不同的可能，而且在生活上應用催眠是輕而易舉的，它甚至對我們是影響深遠的。

所以，書一開始我們從日常生活中的例子進入催眠的歷史，接著從傳統催眠、大衛·艾爾曼誘導催眠、艾瑞克森取向催眠、吉利根的生生不息的催眠及街頭清醒催眠中吸取養分，不過如果要總結催眠的重點，絕不是儀式，而會是我一再強調的「主動想像」跟「管理注意力」兩大要素。

本書不只是一本平面的書，當你想操作卻看不懂文字敘述時，可以上我的臉書專頁跟 YouTube，那裡提供了相當多的知識跟視頻，你更可以按照書裡的連結碼，連結到 YouTube 參考我的示範。當然我還是要再

提醒，催眠是體驗跟實操，要避免只會「說一口好催眠」的唯一方法，就是找到夥伴練習。我希望你能從書中得到支持，一如當年的我。

出書對我來說是一個里程碑，藉由本書，我把發展跟累積了二十年的東西都包裝好了，可以交給我的夥伴繼續執行了，而我也能安心的繼續探索更多更有趣的領域，像 Stephen Porges 的多重迷走神經理論、彼得・列文的身體經驗療法®，以及我在 PESI 跟 Psychotherapy Networker 兩個心理學教育網已經支付的幾百個小時的網路課程。

我是一個非心理科班出身的人，能有今天，儘管我也付出很多，但更多的是別人給予的祝福：

感謝王輔天神父，沒有他的看見，我不會有開始；謝謝劉安康醫師，在十五年前他開拓了我的視野，看見世界的催眠；謝謝 NGH 陳一德總監，沒有他的支持，我根本不知道怎麼做 NGH 授證講師；謝謝德瑞姆心理教育機構創始人史佩綺老師，她在招生最差的時候，仍然相信我是好老師；謝謝陳志恆老師，他示範了一種講師的可能。

謝謝何總編的賞識，謝謝瑤蓉的大力推薦，當然我最感謝慧玲把我零散的文字思緒變得通俗易讀。

謝謝四維文教院的所有夥伴，沒有你們就沒有我的養成教育，謝謝所有北京、上海、杭州、無錫、蘇州、南京、深圳及高雄的所有助教跟催眠基礎課程的講師，沒有你們的熱情，學員就沒有後續學習的環境。

謝謝所有參與我生命的人，不管是正面或負面的滋養，已經消化還有還未消化的。要感謝的人太多了，無法都寫進書裡，所以，我最後要感謝天地，也謝謝我已經在天上的父母，叩首、叩首再叩首。

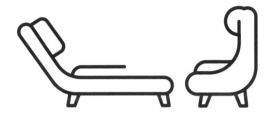

Chapter 1

催眠跟你想的不一樣

「自由」是可以管理你的注意力跟主動想像能力。

——唐道德——

催眠是注意力的轉移

開始談催眠之前，先分享一個我在生活中實際應用的案例：

丈母娘一直有血壓高的問題，也吃藥控制中。

有一次我陪老婆回家，丈母娘說她人不舒服，於是我們開車帶她去常去的診所。

到診所後，護理師先來量血壓，一量就是145，丈母娘顯得很緊張，她說：「吃藥了，怎麼血壓還這麼高？」

護理師在五分鐘後又來量一次，這次量出160，這讓我的丈母娘更緊張了，她很明顯出現不安，甚至呼吸有點急促，手也有點發抖。老婆喊我去倒杯溫開水，丈母娘接過杯子後，手抖得很厲害，我決定做點什麼，好幫助她停止緊張所導致更緊張的血壓上升。

我看著她手上水杯，那是傳統白色塑膠杯，由於塑膠杯很薄，因此杯子上塑造了一圈一圈的回紋以強化杯身，而杯子裡的水便會因為不斷搖晃撞擊杯壁，而泛起一圈圈的漣漪。

我對丈母娘說：「看著杯子，注意到妳手的搖晃……注意杯子因

為搖晃，杯子的水面產生很多漣漪⋯⋯我要妳注視著水面的漣漪⋯⋯注意那個漣漪⋯⋯數數看漣漪有幾圈⋯⋯」

這是一段由快速匹配她的搖晃，然後慢慢地放慢說話速度的過程：「注意漣漪有水面的高度差⋯⋯注意它的高峰有多高⋯⋯低谷有多低⋯⋯」

慢慢的，我注意到她的呼吸慢下來，手也比較不抖了。於是，我繼續說：「說不定妳也可以注意到⋯⋯妳的手沒有那麼抖了⋯⋯妳的呼吸也慢慢變得比較舒緩⋯⋯我要妳做個深呼吸⋯⋯對，慢慢放鬆下來⋯⋯」

不久，護理師再次來量血壓，血壓降下來到135。

丈母娘鬆了一口氣，老婆也看著我說：「我現在知道你做的是真正可以幫助人的工作。」

這跟你印象中的催眠不一樣，對嗎？

過程中我沒有告訴她：「做個深呼吸，Hold住，吐氣的時候讓自己放鬆下來。」因為這種方式不會有用，在一個人無法放鬆的時候跟他說「放鬆」，只會讓他在發現自己無法放鬆時變得更焦慮。

所以，我們要做的不是在他焦慮中「權威式的命令」給予執行放鬆指令，而是跟隨她焦慮的狀態，找到可以運用的材料，好像故事中我取材丈母娘手中的杯子，運用水在杯子裡的變化，讓她從原本專注在自身血壓的狀態中，轉移注意力到水杯內的漣漪，終止「陷入緊張＞血壓上升＞更緊張」的正向回饋圈。

▸ | 「注意力」決定你是活在天堂還是地獄

管理好注意力，能決定一個人的生活品質。

在未學習注意力訓練前，很多人的情況可能跟我丈母娘一樣，不知道怎麼管理自己的注意力，比方當你需要卓越的時候，你一直想著「萬一」失敗；當你需要勇氣的時候，你卻把注意力放在顫抖的手；當你需要專注的時候，你偏偏不斷分心。又或者是跟我丈母娘一樣，注意力也放在血壓上升，導致緊張感反而增強的正回饋圈中。

更有趣的是，你所注意的焦點，有時候也能從你說話時所使用的字句發現。

比方，當你跟朋友這麼說的時候：「最近跟心儀的對象關係很好，『但是』不知道能維持多久？」而不是這樣說：「最近跟心儀的對象關係很好，『雖然』不知道能維持多久？」

這兩者之間你有發現當中的差異，有看出什麼不同嗎？

用「但是」兩個字時，我們注意力是放在「不知道能維持多久」；用「雖然」時，我們則是把注意力擺在「最近關係很好」，這是利用連接詞做的換框技術，能改變人於無形之中。

因此我會說，注意力決定你活在天堂還是地獄，而能不能有效管理注意力則決定一個人生活的品質。所以學習催眠的好處，就在它能訓練也幫助我們學會如何管理注意力，讓我們把注意力能放在對的地方。

不過，一個催眠師要協助別人管理他們的注意力前，自己也要先修煉如何管理自己的注意力，並且要多元練習在各種情況下，如何有效的

移轉案主的注意力。

如果不能在日常生活中體驗學習，那我會建議你買幾本「短期焦點解決諮商」相關書籍，你會發現，不管我們問自己或問別人，只要用幾個簡單的問句，就可以讓注意力移到它應該專注的地方。

例如，與其讓案主困在無窮無盡的問題裡，逐漸失去信心、能量與資源，不如這麼問他：「我聽到你說了很多的不要與難過，但是，我都沒有聽到你的想要或目標，你可以告訴我，你要什麼嗎？」

或者，你也可以這麼問：「假如你一覺醒來，什麼問題都沒有了，你想怎麼活？」

前面舉例的兩個問句，都是跳過現在的困境，直接聚焦在未來的可能性的技巧，這技術可以讓案主停止無窮盡的問題迴圈，進而讓他開始思考未來的目標跟具體作為。

也許你還有疑惑，聚焦在「困難的現在」（問題）與「計畫未來」（結果）有什麼差別？

我們可以來練習看看，當你把注意力分別放在「問題框」與「結果框」的不同。

在做這個練習前，請你先想到一個小小的困擾。有一個重點要提醒，要練習下面的活動，還沒有想到困擾前，請先不要往下閱讀。

A問題框：重點提醒，問題框是聚焦在「出了什麼問題」，或「不想要什麼」。然後，請帶著小小的困擾，逐一思索下列問題。

① 我的問題是什麼？

② 我為什麼有這個問題？

③ 這個問題是從什麼時候開始發生的？它持續多久了？

④ 這個問題給我帶來什麼困擾？

⑤ 這個問題對我有哪些限制，讓我不能去做我想做的事？

⑥ 是誰造成這個問題？我會有這個問題是誰的錯？

⑦ 這個問題在什麼時候最嚴重？

（現在，感覺一下自己的呼吸、心跳、特別是身體性或肌肉方面感受，例如有些人會覺得胸部比較悶，呼吸比較吃力，覺察完後，記住這個感覺。然後，動動身體，也許伸展一下四肢，晃動一下身體，確定中斷原來狀態後，才進入下一個練習。）

B結果框：重點提醒，結果框主要強調建立和保持聚焦於目標或渴求的狀態。請以A所想到的那個小小的困擾，繼續進行下面的練習。

① 我要什麼？我希望有什麼改善？

② 我怎麼知道我已經得到我想要的？

③ 我希望在什麼時機得到我想要的？

④ 當我得到我想要的，我的生活會有什麼改善？

⑤ 我有哪些資源可以幫助我得到我想要的？

⑥ 我可以如何善用這些資源來得到我想要的？

⑦ 我現在可以採取什麼行動來得到我想要的？

（現在，感覺一下自己的呼吸、心跳、特別是身體性或肌肉方面感受，例如有些人會覺得胸部比較鬆，呼吸比較自然不費力。覺察完後，記住這個感覺。然後，動動身體，也許伸展一下四肢，晃動一下身體。）

確定中斷原來狀態後，回想並且比較B問題跟A問題。有發現什麼地方不同嗎？以及，練習結束後你有什麼感覺？

如果有任何感受與想法，你可以為自己書寫紀錄下來。

透過這兩個小練習，是要讓各位認識：「結果框」注意力的方向是朝向未來及解決面向，而「問題框」注意力的方向是朝向問題的歷史。也就是說，「問題框」聚焦在「出了什麼問題」或「不想要什麼」；而「結果框」主要是強調建立和保持聚焦於「目標」或「渴求」狀態。

兩者都很重要，但「結果框」的導向是，讓我們更容易聚焦在行動跟未來的理想生活上。

▸ | 運用注意力管理來處理身心症狀

還有一件與我丈母娘相似的注意力轉移例子，那是我在某堂催眠課中應對的恐慌發作的故事。

當時，我正在講解NLP的次感元，突然有學員喊我過去，在我靠過去時發現有位學員出現了類似恐慌的症狀。

他邊急喘邊說：「老師幫我叫救護車！」

我心裡嘀咕著：「我剛剛有做什麼嗎，怎麼會有這個引發？」

但是面對已經發生的事，我傾向接受並且處理。於是，我問他：「你現在身體哪裡最放鬆？」

然而他卻回答：「沒有。老師，你趕快幫我叫救護車。」

我心裡想，主辦單位挑了個風光明媚的地方辦課程，如果等救護車堵車開到這裡，他所有症狀可能也都過去了，那麼此時此刻我能為他做什麼？

我把手放到他的膝蓋，問他：「你現在可以感覺到我的手嗎？」

他說：「可以。」

我說：「滿好，現在把注意力放到我的手上，你可以感覺到我手上的溫度嗎？」

「可以。」

「那是什麼感覺？」

「很溫暖。」

「你知道這是一隻手掌，所以，它不會是一個平面的接觸，你可以感覺到哪些地方有接觸？哪些地方沒有接觸？哪些地方重一點？哪些地方輕一點？」

透過對話，我把他的注意力移轉到舒適的地方，這讓他很快回過神，而不再是處於驚嚇焦慮的狀態，然後我再問他：「除了我手的接觸，你還有哪裡是放鬆的？」

這次，我得到回應，他說：「左邊的肩膀。」

「很好。現在把更多的注意力放在這兩個放鬆的地方。」他的呼吸

明顯開始慢下來，人也漸漸緩和。

　　我說：「現在分一點注意力到剛剛不舒服的地方，一點點就好。」

　　話才說完，就看見他呼吸又變快，我立刻叫他把注意力放回膝蓋跟左肩，等他稍微穩定，我問他：「剛剛那裡有什麼變化？」

　　他說：「還是不舒服。」

　　我說：「很好，繼續把所有注意力放在你放鬆的地方。」

　　於是，我繼續操作這個「放鬆」＞「症狀」＞「放鬆」，大約十分鐘之後，他完全恢復，也安定下來了。

　　這是仿效身體經驗創傷療法（Somatic Experiencing，簡稱SE®）的滴定技術[1]所做的一種應激反應的處理。

　　SE®主張，創傷就像漩渦一樣，會把案主吸入創傷事件中，而這個療癒技巧便借用了化學實驗中滴定管的概念，以緩步且細緻方式慢慢的接近創傷經驗，簡單說，就是每一次在輕觸案主的高反應區時（所謂的反應區，如上述的案例中，案主的應激反應就是創傷反應），在一觸碰到這個反應區，就立刻把案主帶回到穩定的資源（也就是過程中我引導他把注意力放在身體較放鬆的地方），如此來回的切換、擺盪，協助案主緩和地釋放創傷經驗。不過上述案例當時事發突然，我把它做

註1　身體經驗創傷療法（Somatic Experiencing）是由彼得・列文博士（Dr. Peter Levine）所發展出來的創傷療法，目的為協助當事人在面對壓力或經歷創傷後，能透過提高對身體知覺的覺察，從根本去處理因創傷所產生的症狀，再通過像是滴定等技巧，引導案主慢慢增加對難以忍受的身體覺受及壓抑情緒的耐受力，最後讓壓力或心理創傷從神經系統釋放，達成緩解在精神和肉體上產生的健康問題。彼得・列文著有《解鎖》，由張老師文化出版。

得比較快。

再次回到我丈母娘的例子裡，當時她陷入的狀態是：緊張＞血壓上升＞更緊張的正向回饋圈，我只利用移轉她的注意力，就達到脫離這個無限迴圈的結果。

可是在第二個案例故事中，由於症狀較複雜，所以除了引他放鬆之外，我還加入擺盪概念，讓主角在自己的「症狀」與引導的「放鬆」之間來回往返。

「擺盪」是一種常見的鬆動技術，整個概念有點像是你想拉動一個卡住的拉門或衣服上的拉鍊，直接用力是拉不動的，要用逆反的方向來取得動力，才有可能鬆動那個卡住。

同樣道理，如果你跟一個人談到他感到無力的事件，看著他越說神情越消沉，我們與其問他：「那你要怎麼辦？」不如問他：「你小時候最喜歡的食物是什麼？」或「這些食物都是怎麼來的？」

通常這些食物都會是愛他的人所準備，或是做給他吃的，只要確認這一點後，你就能邀請他：「可以多說一點嗎？」這會讓他重新連結到愛跟資源，很快的你就會發現他的神采變得明顯不同。

連結了愛和資源之後，你可以再問他：「假如剛剛你談到的問題不存在，你會怎麼活？」這個思考可以讓他引進未來的願景，讓他變得比較有力量。

最後你再問他：「你可以怎麼做，才能這樣活？」

與任何沮喪的人對談的時候，像這樣先跟他談談愉快的事，再回頭談一點他的沮喪，再出來談一點他的愉快或得意，反覆這樣的聊天，你

會發現，他會慢慢從沒有資源，變得有資源有力量，而這過程就是擺盪技術，是人人都很容易學會的談話技術，也是日常生活中可以善巧運用的助人小技巧。

很多人以為一個人焦慮緊張發生時，直接叫他們放鬆就好了，但事實上對正在焦慮中的人來說，「放鬆」一點也不容易，尤其當他們想放鬆而放鬆不了時會更加焦慮。

最好的方法如同上述案例，要藉由催眠的同步、轉移注意力等技巧，慢慢的取得、轉移他們的注意力，較能達到真正的放鬆。

▸▸ ｜ 失控與潛意識

我們再回想前面提到的例子，那些被催眠的對象很明顯沒有失控，催眠師也沒有展現控制，但也許有人感到疑惑，催眠不就是要有失控和控制嗎？

還有催眠師說的潛意識又在哪裡？

好，現在我想請你想到一個最近讓你感到憤怒的事件？可以嗎？

通常你一想到了，憤怒的情緒很快就來，有的大一點，有的小一點；有些只是生悶氣，有些會讓你想破口大罵。

重點是，你並不想讓自己不舒服或失態，但是憤怒來得這麼快，以致同樣的事情重複的發生，雖然你也不斷告訴自己，下次不要再讓自己這樣失控了，但是你就是辦不到，對嗎？

這裡面就有你要的關鍵詞「失控」，而「潛意識」則藏的再深一點，

是在憤怒的情緒裡。

情緒來的時候，通常在意識還沒有完全理解前，情緒就已經反映在我們的身體裡，可能感覺有一股氣往上衝，可能是感到胸悶，也可能是身體突然有一陣熱流，你的意識控制不了身體內的這些衝動，而我們只能被影響並且很難影響它。

「情緒」是潛意識可以跟我們溝通的形式之中少數可以具體名稱的，更多的是我們叫不出名字的溝通形式，那些我們可能是用好心情、壞心情來表達，或者文藝青年喜歡說的「悸動」，或者台語說的「ak-tsak」等等。

「潛意識」[2]除了接管我們日常生活裡的走路、跑步、開車這類「自動駕駛」行為外，還管理了我們的偏好與厭惡。

想想你跟有些人初次見面，你們甚至還沒有任何的認識，但有些人讓你有一種莫名的喜歡，有些人則讓你莫名感覺厭惡？

註2　潛意識：在催眠中談到的潛意識，不同於佛洛依德的「壓抑性潛意識」，我們有時會用「適應性潛意識」一詞來區隔兩者之間的不同。

所謂「適應性潛意識」就像學開車，需要意識全神專注，但是習慣之後，我們可以邊開車邊吃早餐、聽音樂、想事情、補妝，甚至回頭罵小孩，適應性潛意識能接手各類的「自動駕駛」，不只開車，包括你走路，試想你走路的時候可曾想過要怎麼協調你身上的肌肉嗎？觀察小孩如何學會走路，這是一件很不容易的事，對嗎？

「自動駕駛」使得我們得以善用寶貴的注意力來思考、做事，但是在潛意識學到一個過去曾經很有效的行為後，來到現在，時空背景已改變不再適用時，「自動駕駛」就成為我們擺脫不掉的症狀。

例如「憤怒」，這個曾經幫助你在害怕、無助或感覺到缺乏力量的時候，它可以為你帶來好的結果，在幾次之後潛意識接手了這個過程，成為一種「自動駕駛」狀態，於是害怕、無助、缺乏力量時，就會讓我們特別容易感到憤怒。

為何如此？

這是潛意識依據你龐大的非意識資料庫歸結出的簡單反應，這反應是依「刺激─反應」的生存原則。

你的潛意識通常會從眼前的對象之整體，來辨識出某種特徵，可能是比對過去的好朋友或壞傢伙，一旦找出相似處，提示音或警報聲就會響不停，如同「一朝被蛇咬，十年怕井繩」的恐懼症原理，原本這種趨吉避凶的生存適應狀態是一種生存的本事，但太過了卻可能成為生活的大困擾。

所以，類似「刺激─反應」這種你不想要卻一直反覆發生的反應或行為，通常也是症狀的定義，也就是我們之前提到的潛意識「自動駕駛」所造成的「失控」情況。

這失控其實也完全符合人們對催眠的主張，史蒂芬‧吉利根（Stephen Gilligan，以下簡稱吉利根）在他所寫的「艾瑞克森催眠治療理論」中提到，米爾頓‧艾瑞克森（Milton Erickson，以下簡稱艾瑞克森）主張症狀形成的路徑跟催眠的路徑是相同的，所以我們才會說「症狀」可以藉由催眠來治療。

吉利根也曾說：在你五歲的時候，四歲的你應該要死亡，六歲的時候，五歲的身分應該要死亡。但是，因為某個年歲時的一個無法放手的經驗，也許是五歲的一個創傷經驗，讓你不管活到到幾歲，身體裡都會有這一個五歲的「刺激─反應的自動駕駛」活著，以準備接手做出反應。

於是，一個三十歲的人，可能每次遇到類似的事件，都會不自覺的用五歲身分做出反應和決定，但事實上現在已完全不合時宜，這時候我

們會建議，最好的解決方法可能是催眠。

▸ 催眠是一種主動想像

上個世紀最了不起的舞台催眠師歐蒙・麥吉爾（Ormond Mcgill），在舞台上跟觀眾介紹什麼是催眠的時候，他是這樣說的：「催眠非常需要想像力，而你什麼時候最有想像力？是小的時候！小時候我們常常假裝自己是超人、是新娘，從假裝、想像到相信，然後就進入另一個現實。」

他邀請觀眾，想像自己回到了童年，無拘無束、快快樂樂，也盡情的假裝、想像、相信，然後進入另一個現實狀態，觀眾們跟他玩的很愉快，就娛樂效果來說，大家回到童心未泯的狀態，充分享受催眠帶來的感官扭曲，好像檸檬可以吃起來像蘋果，或可以看見不存在的東西，或看不見存在的東西；或者失憶，忘記剛剛發生什麼事；或肌肉彊直，手臂被固定或轉不停等表演。

這些舞台催眠中，催眠師用來展示權威與控制的催眠現象，在艾瑞克森學派手中有著截然不同的運用，對艾瑞克森學派的人來說，催眠現象本身就是催眠治療的方法。

傑弗瑞・薩德博士（Jeffrey K. Zeig，以下簡稱薩德博士）[3]在他的「五分鐘催眠治療建議」裡提到：艾瑞克森最重要的催眠治療原則是「善用」，比方個案如果有一個創傷經驗，而他擅長遺忘，那麼就可以讓他忘記這段創傷；反之，假如他擅長回憶，那我們就讓他回憶一段美好的記憶來阻斷這段創傷。如果他能做年齡回溯，我們也可以讓他回到事情

發生之前，重新整理這段經驗；如果他能做出麻痺，就讓他可以對這個情境感覺麻木；假如他能做出負向幻覺，我們就讓他對情境產生負向幻覺等等，而這些催眠現象則與知覺、感覺的可塑性有關。

我們並不像自己認為的那樣受限於現實當中，事實上記憶功能是可塑性的，解離也是可塑的，知覺也是可塑的，我們經驗時間的方式也是可塑性的，因此，一個人如果擅長扭曲時間，我們就可以利用時間扭曲方式來延長他的快樂，並縮短不愉快的時間。

這也讓我們看見，「傳統催眠」跟「艾瑞克森取向催眠」兩個不同流派迥異的地方，就傳統催眠來說，它是以控制為主，這一派認為案主是笨蛋而催眠師懂得一切。

像美國催眠大師大衛・艾爾曼（Dave Elman，以下簡稱艾爾曼）曾說：「沒有（催眠）深度，就沒有催眠。」傳統催眠師展現催眠技術，是一路將案主帶到感官扭曲，然後給予案主一個「直接暗示」，當案主的潛意識被植入一個「指令」，一旦遇到「暗示指令」的情境時，案主就會被引發去執行催眠師的「指令」。

艾瑞克森的催眠取向則是以「善用」為主，催眠師「允許」案主做他自己，也給予案主「肯定」去做他自己，並「觀察」他做些什麼，同

註3　傑弗瑞・薩德（Jeffrey K. Zeig）
臨床心理學家，艾瑞克森學派催眠治療師，為現代催眠治療之父米爾頓・艾瑞克森的學生，薩德精研艾瑞克森催眠治療學問並實踐超過四十年，他創辦了米爾頓・艾瑞克森基金會且兼任執行長，也是世界短期心理治療大會創辦人兼主席，曾獲評為美國國家實踐學院心理學傑出執業者，現居美國亞利桑那州鳳凰城，為私人執業的婚姻和家庭治療師。

時還會想，我們要如何「運用」案主正在做的去幫助他。

至於催眠深度，在艾瑞克森流派中不太被強調。

簡單來說，不管哪一種形式的催眠，都需要被催眠的對象能夠主動想像。

催眠是一種意識的變動狀態，催眠師通過引發案主恍惚（Trance）的狀態，也透過案主的主動想像、回憶過去的經驗資源，再加上催眠師以隱喻、故事等方法，慢慢鬆動潛意識原來「自動駕駛」的結構，最終讓案主得以重新建構他的新行為。我個人認為這兩種催眠是可以兼容並存的，其實艾瑞克森本身也是先學會傳統催眠，爾後想到他的生命經驗，才慢慢發展出他自己的「自然催眠」。

因此，當我們了解催眠現象以及背後可能的機轉，就可以通過催眠技巧來幫助自己，也幫助別人了。

主動想像與被動想像的差別

看電視、看電影是「被動想像」，看書、聽故事則是「主動想像」。

被動的想像是一種被餵養的情況，被動想像的腦神經元活動比起主動想像要少很多，所以研究發現看電視會變笨，而你現在認真看這本書則會變得聰明。

至於催眠，它就很需要被催眠對象的「主動想像」，以活化來訪者的腦神經。

我們想像一下，如果你對被催眠對象說：「想像你的手變得越來越沉重，肌肉失去了力量，你感覺到手沉重、無力。」

就這一段引導，假如你的被催眠對象就只是聽，然後等待催眠師傳來一股神祕的控制力量，卻不去想像身體做出相應的反應，那麼這個「催眠」過程就會變得很悲催，因為催眠師沒有超能力，也不是氣功師，並不會有任何神祕的力量傳遞，換句話說，如果沒有被催眠對象的主動想像，催眠師就什麼都做不了。

所以，真正的催眠師會說：**「所有的催眠都是自我催眠。」**

日常生活中主動想像的重要性

想像你跟小孩或下屬交代了很多事情，當你問他：「都清楚了嗎？」他通常會回：「清楚了！」

當事情做得不好時，你氣急敗壞把他叫來：「你不是說都清楚了？」他會很驚訝的說：「我全是照你交代做的啊！」

你先別生氣，因為是你讓他做了「被動想像」，就像看電視一樣，你餵養他資訊，他以為他記得，但是在缺乏複習情況下，他其實根本不記得你要的重點。

那麼我們要如何才能讓他主動想像，以確實完成你指派的工作呢？

只要多加一道工序，在你交代完後，記得跟他說：「現在，請把我剛剛交代你的事，用你的語言（理解）說一次給我聽。」

就這麼簡單，我們只要能這樣做，就可以拯救你跟小孩或下屬之間溝通時的無力感了，說不定這多加的一道工序，還可以拯救這家公司的執行力。

催眠刻板印象的謬誤

對催眠印象上的謬誤，一直以來，是許多好奇催眠的朋友在未進入催眠領域前很常見的。

「變動的意識狀態」是催眠定義，比方我們打開大愛電視台，當證嚴法師出現在信徒面前，信徒立刻進入催眠定義的「變動的意識狀態」，但那不是因為證嚴法師懂催眠，而是所有的催眠都是自我催眠。細聽證嚴法師說的都是老生常談，但是當上師出現，信徒的批判性意識會自動關閉，聽著「三歲小兒得道，八十老翁行不得」的訓誨，心中感動而決心要改變，這自然是最了不起的催眠，而那也是上人力行善的影響。

但是催眠師要細分這條線，因為這種改變人的力量是宗教，催眠師不可以跨過著條線，催眠師做的是人的工作，宗教做的是信仰的工作，兩者是有很多共通點，但是催眠歸催眠，宗教歸宗教，這是我的信念。

在這一節，我想簡單聊聊許多初學者常見的疑問，希望能解除好奇催眠的讀者種種刻板印象。

簡言之，真正的催眠師會謹守人的界線，會以人為本，並用他的技術無條件支持來訪者，讓來訪者發現自身的力量，相信自己可以活得更

好，而這才是「催眠」。

▸ │ 前世催眠

前世呢？不是說催眠可以讓我們看見前世？

到底有沒有前世？

當年我就是因為對前世好奇，才想更深入認識催眠。而前世催眠的確是多數人都很好奇的，所以我教催眠的時候會有一個早上是用來介紹如何帶領前世催眠，但是，在自己非授課期間我不做前世催眠。

為什麼？請聽我細細道來。

「前世催眠」一開始是因為傳統催眠治療的大宗是年齡回溯，有些案主一路往前年齡回溯，結果卻超出這一世的範圍，而探索到一個他意識上全然不知的五感經驗。

在我的課程中，學員常常在做完前世催眠體驗活動後提問：「我的前世是真的嗎？」

我的回答通常是：「如果我可以告訴你真假，我應該已經在家裡擺個神壇，然後我就不出門教課了，你們應該到家裡來朝拜。」大家聽了全都會心一笑。

雖然前世未必真，但前世療法非常有效。

說一個小故事：

有位媳婦遭受婆婆的百般刁難，不管她選擇反抗或不反抗都沒有

得到改善，而她也不想離婚。

在朋友介紹下，她來做了前世催眠，進入前世，她驚訝的發現，原來婆婆在前世是她的媳婦，而那時的她比婆婆更嚴厲的虐待媳婦。醒來之後，她在輪迴面前選擇臣服，也決定這輩子一定要還完這筆債，好換得下輩子的自由，於是回家之後，不管婆婆的態度如何，她都努力侍奉。

婆婆的心也是肉做的，所有的關係都是系統，有其規則互動，慢慢的，兩人的關係也就變了。

這是前世最有療效的地方，就是讓人能在輪迴面前願意臣服。

但是即使如此，我們仍然不知道，到底有沒有輪迴這件事，因為知道的人不是死了，就是還沒出生，剩下的全是神的代言人。坦白說，我願意相信神，但我對神的代言人的態度仍有所保留。

再者就算真有輪迴，你這次看到的前世是否為真？別忘了，催眠就是在暗示跟誘導，你要如何確定這前世不是因為暗示跟誘導所產生的？

這裡我想再舉一個反面例子：

有位已婚女子因為生活遇到瓶頸，去參加了共修團體，卻在團體裡跟一位師兄日久生情。

某日共修團體請了一位催眠師來幫大家做「靈性的探索」，她跟師兄赫然發現他們前世就是一對情侶，而這位女子的現任先生就是上輩子拆散他們的「馬文才」（梁山泊與祝英台故事中拆散情侶的大反

派）。

這位女子生活中原本只是有些不如意，日子還能過，但是在做完「靈性的探索」之後，日子就再也過不了了。

通過這兩個例子，想與大家一起思考與澄清：

首先，請想一想，如果真有輪迴，我相信更大的存在，一定留有要讓人們可以改變的空間，畢竟我們還需要回來參與今生。從這角度思考，那麼我們從第一個媳婦的故事中便得以說通。

同樣的，在第二例女子跟師兄之間的故事也一樣說得通。也就是，對這女子與其師兄來說，他們要思考的是，如果輪迴是真的，被報應的人不是女子的丈夫，那麼這個故事想說的又是什麼？也許大家可以再想一想。

如果真的有輪迴，我相信，「存在」一定不是要我們宿命的在被安排的程式裡跑，我相信的是，祂給人們機會，要我們可以在今生為自己做點什麼！

我們再想想，為什麼熱衷於前世催眠的族群，總是在累世裡糾纏不清呢？

有人主張，這當然是因為他們的恩恩怨怨一直糾纏不清。

真是這樣嗎？

對我來說，有另一個看法：因為在你的記憶裡沒有新的臉孔，所以你會找一張你認得的臉，只是就只有一張記憶的臉還不夠，因為比起這樣簡單的事實，如果還有故事隱情更容易打動你。

我的第一次前世回溯經驗，是在NGH催眠師的課程上，由雪琳‧艾克曼（Charlene Ackerman，另有一譯為夏琳‧艾克曼，以下簡稱雪琳）帶的集體回溯，結束後有位同學跟我說，他在前世中看到我了，他說看見自己抱著一個襁褓中的孩子，感覺是他的小孩，然後再掀開包巾，他覺得那就是我。

　　我好奇問他：「所以那個小孩長著三十六歲的我的臉？」

　　他說：「不是，但是我知道那就是你。」

　　藉這經驗與大家分享，催眠中得到的訊息是客觀的，可是解讀訊息是主觀的，所以身為催眠師不需要也不應該做過多的臆測。

▸▸ ｜ 在催眠裡的年齡回溯

　　當年佛洛依德也是在學習催眠中，發現「把意識帶進潛意識之中」然後治療就會發生，他也據此發展出治療的概念。

　　因此，催眠的「年齡回溯」是完全符合治療原理：回到創傷事件，重新闡述與觀察生命經驗。是不同心理流派會共同採用的治療方法。

　　這裡我想引述曾端真教授在其著作《傾聽生命故事與敘說的療癒力》中，談到故事的結構與建構中的一段內容：

　　「當案主能把早年的回憶帶到意識中來談，治療師便可以引導他，以觀賞舞台劇或鳥瞰的角度，來檢視幼年所建構的生命風格，擴展注意的層面，看看自己忽略了經驗中哪些正向的部分，又是如何只選擇害怕、受傷等負向經驗。探索故事中的正向資源與復原力，也統整情緒和

思考，接著找出哪些是應該珍惜、予以保留的資產，哪些需要調整與修正，哪些需要重新建構。」

曾教授是阿德勒學派的，但是這段引文所說的，正是年齡回溯治療的原理。

雖然「年齡回溯」具有治療的效果，這是無庸置疑的，但是我也要提醒，執行年齡回溯需要找有經驗的催眠師，因為記憶並不可靠，相關的腦神經研究告訴我們，你每一次提取記憶，就等於重新改寫記憶。

因此有一討論，關於虛假記憶[4]是人的原罪一說，畢竟做不做催眠你都會改寫自己的記憶，但是在催眠中，因為批判性意識不在，人們很容易被誤導而植入一段不存在的記憶。

此外，年齡回溯催眠經常伴隨案主「年齡退行」[5]，也就是案主的心智年齡在催眠過程中回到了童年，同時失去當下實際年齡的心智資源的情況。

當然大家也不用太擔心，催眠不會有醒不過來的情況，之所以建議尋找有經驗的催眠師，是因為在引導過程中，如果遇到比較沒有經驗的催眠師，很有可能會導致案主的二度創傷。

註4　美國在20世紀有很多冤獄與催眠喚醒記憶有關，這裡推薦讀者觀看TED一部由伊莉莎白（Elizabeth Loftus）演說的「虛假記憶」影片。
「虛假記憶」影片：https://youtu.be/PB2OegI6wvI

註5　年齡退行
是指一個已成年的大人，在遇到打擊或嚴重焦慮時，可能會有意識或無意識地表現出與現階段年齡不相符合的行為。其目的是想透過幼稚的行為，讓自己能夠得到他人的關注或幫忙，好讓自己能處在相對較為安全的環境中。

⇥ | 催眠後會醒不過來嗎？

常有學員問我，催眠後會醒不過來嗎？

我總是回問他，你有看過嗎？

他的回答是聽過朋友說，去參加催眠秀的表演，然後就一直沒有醒。

這時，我會用一種很誇大的問句來回答：「你的意思是，你那個朋友現在還在會場沒有醒過來？」

這個「醒」，當然不是還在沉睡，那麼這裡討論的醒不過來是什麼？

所謂的「醒不過來」，通常是催眠後開始有一些不尋常的想法，例如：忘不了自己前世是皇帝或貴妃，或喚醒創傷的回憶……等等。

我不大相信參加催眠秀這類的娛樂性節目會導致這樣的後果，打個比方，就像你去看場電影，或看一個舞台表演，如果這也能引發你的創傷記憶，那麼這跟電影或舞台劇本身無關，而是跟你的潛意識決定了要處理一些過往有關，比方新聞沸沸揚揚的傳播著某神職人員的性侵案後，有不少案例指出，確實有人被喚起了小時候的創傷記憶，然而多數人並不會去指責媒體，不是嗎？

好像艾瑞克森取向的催眠治療師常會用一些歧視性的語言，批評舞台催眠這一派，這是不公平的，我個人覺得，這裡面或許有些陰暗面的投射。

催眠會喪失意識嗎？

答案是，不會。

潛意識使用的語言是六感（視、聽、觸、味、嗅、體感），意識的建構與解構主要依賴文字與象徵語言。

催眠師在案主閉上眼睛後，除了肢體的接觸，就只剩下語言，被催眠對象傾聽指導時，全都依賴語言。

如果意識不在，來訪者無法解讀催眠師的語言，催眠如何進行？

催眠中被催眠對象體驗的是一種「既是／又是」的並存現象，過程中可以體驗到意識與身體同時的專注與全然放鬆。因為意識跟身體不再僵固，所以新的想法才能夠進來，艾爾曼便曾經說過：「催眠是繞過批判性意識直接跟潛意識溝通的方法。」

也許你又好奇了，那麼失憶是怎麼一回事？

失憶是事後發生的，就像你做了一個精采的夢，醒來後想記住它，如果你沒有接受過解夢工作坊的訓練，我會建議醒來當下立刻筆記下來，因為你大概會在刷牙洗臉間，看著記憶逐漸崩解，記不起夢的內容細節。

催眠真的可以控制一個人嗎？

相較下，我覺得精神科與麻醉科的藥物要比催眠做得好一百倍。

儘管我有時會做些街頭清醒催眠的示範，協助催眠學員破除陳舊的

觀念，他們會是醒著的，但是不太能控制自己的身體，即使示範的真實狀況是這樣，我仍然認為「催眠的控制是假的」。

催眠一直是透過暗示鋪陳，當我邀請你上台，而你願意上台，這裡面就有一個不成文的契約成立了，也就是「你答應要配合演出，同時讓演出成功」。

簡單來說，如果我在日常生活中對你說：「往左邊靠一步，再向左邊靠一小步，往前一點……」你大概會反駁：「你要幹嘛？」

但是在舞台上，也就是催眠師利用它塑造的一個場域（這裡的舞台指的不一定是真實的場地，一旦示範開始，催眠師所在就是舞台），你已不能反抗的接受了我的「聽話度訓練」。

催眠師創造出環境場域，要求被催眠對象只能做出制約的反應、暗示，再利用一連串的暗示，讓被催眠對象相信他被控制了，這就是催眠的要素，所以「**催眠的控制是假的，暗示的控制才是真的**」。

我所認識的催眠

在時空長河裡，常常會有不同的流派發展出類似的技術。

各流派之間其實並不熟悉對方，也沒見過對方的技術，但是，他們因為被發生在自己身邊的事物所啟發，經過很長時間的研究之後，創造出了自以為獨特，事實上別人早已在使用的方法，也因此，彼此技術是非常相近的。

所以，從想事催眠學習或工作的人，我會這麼建議，每個催眠師都應該了解催眠歷史，並從催眠的歷史中得到學習與教訓。

▸▸ │ 催眠簡史與意義

當催眠術還不叫催眠的時代

麥斯麥的磁力說。

弗朗茲・安東・麥斯麥（Franz Anton Mesmer 以下簡稱麥斯麥）是催眠歷史上最知名的人物，最初他在維也納學醫也是位執業醫師，在一七七四年看過地獄神父馬克西米利安（Father Maximillian Hell）的磁力

療癒之後，他開始做磁石的實驗，還向地獄神父借用了他的第一塊磁石。

一七七六年麥斯麥完成了博士論文《行星對人體的影響》「De Planetarum Influxu」，在這篇論文裡第一次提出有關星體影響人體的理論，而他認為有一股磁流遍佈於自然和人體，這種磁流必須均勻的分佈於人體裡來維持健康，他假定人體像磁石一樣有兩極分別在身體兩端，當磁石靠近人體，就能幫助我們身體磁流的平衡與和諧，該理論最先稱為「動物引力」，之後又稱為「動物磁氣說」。

他第一次使用「麥斯麥術」（當年沒有催眠術這個詞）時，對象是一位很年輕的女孩，是個歇斯底里症伴隨痙攣的患者，症狀有嘔吐、暫時性的失明、麻痺的侵襲、幻覺、無法排尿、劇烈的牙痛和一些其他症狀等等。

這裡引用麥斯麥的紀錄：「磁石綁在她的腳上和脖子周圍，一股刺熱疼痛由她的腳沿著腿產生，終止於腸骨上緣一陣更劇烈的痙攣，這種疼痛結合了由兩側乳房流來相等的難忍痛苦，短暫的疼痛往上到了頭部，進入了髮根。患者感覺到每一個關節內的灼熱感覺，而她身體某一部分磁流似乎變得不規律，甚至變得更強烈，她很快的就對所有的磁石不敏感，但她的問題痊癒了。」據載，該女孩痊癒情況是永久有效。[6]於是麥斯麥的學生帶著治療無效的病人來找他，麥斯麥也用一樣的手法治好了該病人，這讓他開始相信，自己就是「上天揀選的人」。

註6　這個療癒的描述其實與彼得·列文所寫的《解鎖》一書中，描述個案療癒的身體流動，從凍結到流動，同時伴隨熱能的釋放，幾乎是如出一轍。

麥斯麥還發展出傳奇「磁氣桶」，那是一個大的圓形桶狀物，約有一英尺高，內有三十個座位，頂端有孔洞，桶內有許多瓶子，瓶子裡預裝了人們看不見的磁性液體，人們可以抓著鐵柱以接收「磁流」並隨磁流而動。

　　即使懷疑者已發現，只要抓著鐵柱就很容易恍惚而痙攣，但每一次表演所發生的奇蹟，仍在音樂聲中，加上不尋常的燈光以及高度暗示敏感性的人們所增強。

　　麥斯麥停留在巴黎，直到法國國王路易十六任命班傑明‧佛蘭克林調查，找到了不利他的證明，佛蘭克林觀察發現，實驗裡一位婦人在喝了一杯麥斯麥的磁化水後，這個婦人相信是普通的水，結果沒有任何變化，然後再讓另一位婦人喝一杯普通的水，並且讓她相信那是磁化過的水，結果該婦人就陷入恍惚。

　　另外一個實驗是，有一棵被磁化的樹，在認知那是一般的樹時，人們什麼反應都沒有，可是當他認定是磁化的樹時，這個人就產生了痙攣現象，因此佛蘭克林的總結研判，認定麥斯麥是個騙子，而他所製作的痙癒效果，都只是想像力的結果。

　　其實，從中我們也能得到同樣的結論。

　　另外，還有「普伊賽格侯爵的意念力量學說」。

　　普伊賽格侯爵（Marquis de Puységur，以下簡稱普伊賽格）是麥斯麥的學生，他最重要的貢獻是，發現了類似睡眠的恍惚狀態，並且將它命名為「眠遊期（somnambulism）」，這個專有名詞一直使用到今天。這是在一七八四年，一位名叫Victor Race的牧羊人觸摸到一棵被磁化

的樹時，他表現出安靜睡眠的狀態（而不是痙攣狀態），普伊賽格發現這位牧羊人能夠對暗示產生效應，並表現出睡眠的樣子。

有一個比較特別的是，約翰‧伽斯納神父（Father Johann Gassner，以下簡稱伽斯納神父）的「死與再生」催眠。

身為天主教神父的伽斯納神父，和麥斯麥同一時代，在催眠舞台上也很活躍，他曾短暫與麥斯麥一起工作過，伽斯納神父精通暗示的藝術，他將此當作信仰療癒的手段，或許是有紀錄的第一位信仰療癒者。

曾經有個例子，他邀請來見證示範的兩位醫師，親見伽斯納神父能降低一位婦人的脈搏和呼吸，雖然兩位醫生因此受到驚嚇，但仍宣佈婦人的死訊。

但就在二分半鐘過後，神父再次將她的身體功能恢復正常，讓婦人「重返人間」。

也許你可以想像這樣的場景及其戲劇效果：在光線幽暗的教堂裡，圍繞著他的對象，同時拿著一根點燃的蠟燭，鑽石綴飾的十字架加上拉丁語喃喃的催眠暗示，以這樣的方式來誘導恍惚，由於他們的信仰，的確會讓人很容易想像上帝的力量是通過神父而來。

於是十字架一觸碰，就能讓人立即入睡，而這個方式還能夠催眠大多數的人，據載，伽斯納神父平均催眠誘導時間為7秒鐘，實在令人難以置信。

簡單來說，麥斯麥術的年代給了我們一些啟示。

催眠後的現象是隨著人們的印象而改變，麥斯麥的催眠現象是「痙攣」，而在普伊賽格之後才變成類似睡眠的安靜狀態，這也說明被催眠

對象對催眠有一個**前提假設**，而前提假設也正是影響催眠對象的催眠後反應。

像伽斯納神父借助宗教信仰，讓催眠有超凡的力量，他的七秒鐘瞬間催眠早在二百年前就辦到了；至於麥斯麥最大的貢獻不是發明「麥斯麥術」，而是證明獨立於宗教信仰之外的相信，一樣可以帶來奇蹟。

布萊德的凝視法

詹姆士‧布萊德（James Braid，以下簡稱布萊德）是一位著名的蘇格蘭外科醫師，他最有名的事蹟就是命名了「Hypnosis」，這是由希臘字hypno而來的催眠，本意也為睡眠。

布萊德推論麥斯麥術一定有某種身體上的理由，於是他著手研究，推論出如果繼續讓眼睛緊張，結果就會讓視覺神經中心麻痺，進而引發類似睡眠的一種情況，而這便是他重要的發表：「固定視線法」。他請一位朋友持續注視一支酒瓶來實驗，在不到三分鐘的時間裡，證實了磁氣術與麥斯麥睡眠無關。

一八四二年布萊德用了催眠（hypnotism）這個稱呼，於一八四三年出版他的第一本催眠著作，書名就是《HYPNOTISM（催眠術）》。

一八四七年時，他發現了「清醒催眠waking hypnosis」，僅僅六年，他成就的工作超越了一個世紀、上百個其他實驗者所完成的工作。

艾斯達里與催眠深度麻醉

當布萊德正讓催眠大幅躍進的同時，另一位蘇格蘭醫師詹姆斯‧艾

斯達里（James Esdaile，以下簡稱艾斯達里）在實驗裡，為催眠歷史留下了永不磨滅的名聲。

艾斯達里在印度利用催眠來做手術麻醉，得到了驚人的成效，他在一八四六年末提出報告，報告中指出，他進行了幾千次的小手術，以及大約三百次的大手術，包括十九次截肢，都是運用催眠方式且全部無痛，在藉著催眠的輔助後，解除了大多數手術後的休克情況，並讓當時手術時近50%的死亡率下降到8%以下（另有記載是少於5%）。

醫學會接受了他的報告，而他也被分派到加爾各達醫院繼續他的「麥斯麥」手術。

只不過，大學醫院對麥斯麥術的禁忌仍在，但他們也認為對印度未受過教育的群眾而言，麥斯麥術能很輕易的被期待而產生效果，畢竟在印度長久以來就被認為是玄奧科學之鄉，而艾斯達里一開始就保證能成功，也正是這普遍存在的信念系統所促成。

之後，艾斯達里回到蘇格蘭，由於當地人缺乏信念加上負面的預期，他無法再複製出在印度發生的那種效果。

利保爾特與博恩海姆的南西學派暗示學說

一八六四年一位鄉下醫師安布魯斯・利保爾特（Ambroise Liebault，以下簡稱利保爾特），設立了巴黎南西學派，並在此建立自己的催眠醫學來治療他的病患，由於他的催眠治療免費，很快就名聲遠播。

他的治療時間大約只花費十分鐘，過程清楚明確，沒有任何超能力，只有純粹的暗示，他是目前所知的第一位教授催眠暗示的醫師，那

時期的他很勇敢地踏出了全新的催眠方向。

　　至於，希博萊特‧博恩海姆（Hippolite Bernheim，以下簡稱博恩海姆）則是南西醫學大學的教授，當時他寫了一篇文章質疑利保爾特是一位騙子。

　　但是就在拜訪利保爾特的診所之後，讓他信服了，他也將利保爾特的方法引介到自己的診所裡運用，並且得到同樣效果，甚至更成功，於是他回到南西，加入了利保爾特的行列，和利保爾特一起創立了催眠歷史上最具聲名的催眠療癒中心。他甚至聲稱，他的病例能得到80%的成功率，對於這些個案，博恩海姆保存了很詳細的紀錄，這些資料也在一八八四年及一八八六年整理出版，書名分別為《*Dela Suggestion*》與《*Suggestive Therapeutics*》，這兩本書亦成為催眠醫學的重要指引。

　　博恩海姆和利保爾特被認為是南西學派的創始者，這一學派的理論認為，催眠純粹是一種主觀的事情，換句話說，他們確認了催眠現象，是心理上的力量而非身體上的因素引發。

夏柯從研究癔病而發展出巴黎學派

　　讓‧馬丁‧夏柯（Jean Martin Charcot，以下簡稱夏柯）是第一位將催眠深度分級命名的人，雖然他是當時最先進的神經學家，但是在研究這項新主題的時候，卻犯下了幾項錯誤。其一，他相信這種現象最好要在歇斯底里者身上研究，同時他也教導催眠是一種病理的狀態，在他的觀點，身體的行動是催眠的原因而非心理的暗示，所以他的理論和博恩海姆與利保爾特的理論發生了衝突。

雖然夏柯對催眠的基本想法是錯誤的，但在各種不同催眠深度的研究和發現上，他卻居功厥偉。

　　一八七八年，夏柯和他的追隨者在學院裡，借著示範被催眠時有能力表現出不同的症候，並在每一階段通過不同的「測試」，進而展現出這些催眠過程中不同階段的深度，這也是催眠史中第一次嘗試以科學來分類恍惚現象，這是夏柯貢獻給後世催眠界的財富，如現代有名的Davis-Husband催眠深度表，以及常用的Le Cron-Bordeaux量表等等，至於催眠為何講究深度，主要是為了運用在外科手術上的需要。

　　在夏柯的論文「On the Distinct Nororaphy of the Different Phases of Sciences Comprised Underthe Name of Hypnotism」中，最廣泛被接受的三種催眠深度已被命名和定義的，夏柯依層級命名分別為：昏睡（Lethargy）、僵直性昏厥（Catalepsy）、和眠遊（Somnambulism）。

　　截至今日為止，不同的催眠師有各種不同的深度分類法，有分四～七級，或依各種恍惚深度的分類，但是夏柯仍是最早提出，並且是至今最實用的分級。[7]

　　由於神經學上的貢獻，夏柯在醫學界名聲日盛，也因為他接受催

註7　簡介幾個不同的催眠深度的分類

一是NGH（美國催眠師協會）所使用的六個深度階段分類：深度一（眼皮睜不開）；深度二（手臂僵直）；深度三（遺漏數字）；深度四（手掌止痛）；深度五（正向幻覺）；深度六（負向幻覺）。

二是舞臺催眠：因應舞臺上的催眠需要而採取的四種判定標準：1肌肉僵直；2暫時失憶；3麻醉；4幻覺。

基本上，催眠深度並沒有一統江湖的劃分法，一切都是依照催眠用途的需要所做出的分類。

眠，使得當時許多醫師也接受了催眠，包括他的錯誤觀念也被概括接受，這點卻也讓更多催眠的真理被發現的時間都拖延了，不管如何，就催眠歷史來說仍往前邁進一大步。

布洛伊爾與讓催眠跌入谷底的佛洛伊德

一八八〇年約瑟夫・布洛伊爾（Josef Breuer，以下簡稱布洛伊爾）在治療一位歇斯底里病患時，發現患者在催眠狀態裡說話清晰有條理，但是在意識狀態下對個人的對話則產生很大的抗拒。

他知名的同事佛洛伊德，跟他一起做了一個「無法從杯子裡喝水」的少女案例。

透過催眠，他們找到少女無法喝水的原因，那是因為她看到一條狗，從她常用的杯子裡喝水後開始感覺到噁心，從此無法喝任何裝在「杯子」裡的水，當他們把這件事實告訴清醒狀態下的少女後，她記起了這件事，自此她又有能力從杯子裡喝水了。

換句話說，一旦身心症狀的原因揭露後，症狀就會消失，這也是催眠分析和精神分析的基本原理，這裡利用的是催眠治療技術，而不是利用直接權威暗示，其產生的效果更為持久。

佛洛伊德另一項對催眠分析的貢獻是發現「自由聯想」，他利用這項技術，讓分析師取得因為抗拒、羞怯、心智阻礙而無法取得的訊息，這個輕度催眠下的自由聯想的能力，也讓弗洛伊德發展出精神分析理論。

當時佛洛伊德被布洛伊爾的研究所吸引，而他也已經從南西以及夏柯兩學派中學習了催眠，但是據比拉・扎努索（Billa Zanuso）對佛洛伊

德的研究發現，佛洛伊德並不同意夏柯的兩項重要觀點，一是關於催眠只能運用於歇斯底里的說法。

另一個則是，佛洛伊德不相信唯有深度催眠才是改變的必要條件，而他也將之取代為：輕度的催眠及暗示就可以被接受，並讓過去的事件能夠被回憶起來。

只是佛洛德在誘導催眠的技巧上十分差勁，這讓他很快的就疲乏於「催眠暗示的單調」，在某次和一位患者工作時，因為無法得到患者的催眠恍惚，在他幾乎快放棄時，情急之下，他在患者清醒狀態下冒險一試自由聯想，結果這個病例療癒非常的成功。

就這樣，佛洛德從此將催眠排除在他的方法之外，創造並且公佈精神分析技術，更宣稱精神分析是「催眠遺產的執行者」。

庫埃的自我暗示

埃米爾・庫埃（Emile Coue，以下簡稱庫埃）說，每天早上起床前和每天晚上睡覺前，對自己說：「每一天，在每一方面，我都越來越好！」那麼你的人生，就可以過得越來越好。

這是庫埃對催眠所做出的重要且長久的貢獻，他告訴我們催眠可以是清醒著的自我暗示，也因為對自我暗示的相信，而讓人更可以改變人生，因此有人稱庫埃為自我催眠之父。

在這一章節裡我簡單介紹幾位催眠歷史上的重要人物，當然全球催眠大師不只這些，各位可以透過資訊發達的今天找到更多的相關資料。認識歷史很重要，那能讓我們在巨人面前更懂得謙卑，即使終有一天你

也成為了催眠大師。

十九世紀的催眠給我們的啟示

催眠做為止痛、心理治療、心理暗示效果顯著，而且也已有百年可供檢驗的歷史經驗。

簡單講，催眠是催眠師運用種種暗示，讓被催眠對象相信，從而把這個相信投射到催眠師身上，讓催眠師影響被催眠對象，也就是催眠師的力量來自被催眠對象的賦能。

然而從艾斯達里的催眠麻醉中，我們可以得知催眠最主要的力量並不是來自催眠師，而是來自被催眠對象的相信，同一個催眠師，在印度做催眠可以出神入化近乎神蹟，但是回到英國卻行不通。

事實上，路線之爭在催眠領域一直發生，從主張磁力說、臆症說到心理暗示說，催眠史也在爭論過程中慢慢得到進展。

進入二十世紀的催眠，在佛洛依德放棄催眠到一次大戰期間，仍有少數對催眠有興趣的人在努力，讓催眠不至於被社會大眾完全的遺忘。

催眠能再度受到矚目，則是第一次世界大戰之後，許多因為戰爭而引起各式創傷症候，讓催眠被視為最有效的治療手段。

第二次世界大戰期間，在戰俘醫院裡的醫師大量使用暗示麻醉，並且在大多數的情況下催眠也確實促進了痊癒，於是一次大戰結束後，催眠被運用到牙醫科、婦產科、皮膚科以及其他的領域，催眠醫學的運用再次開始。

二十世紀中期，由艾爾曼教授醫學專業人員催眠，開始正式將催眠

帶入醫學團體裡，人們對催眠的印象自此整個改觀。

其中，開啟讓世人接受催眠治療的關鍵人物，正是精神科醫師艾瑞克森，透過他一個人的力量，全然改變了催眠的面貌與未來的走向，他所創造出來的全新概念，更不分流派的啟迪了整個世代的催眠師，也由於他個人的努力，使得美國醫學會心理健康委員會，終於在一九五八年正式接受了催眠在醫學領域的用途。

回顧二十世紀，催眠帶給了我們不少啟示，儘管曾有佛洛伊德的打壓，催眠仍然是卓越且有效的，它不需要精神科醫學的專業背景，只要通過學習訓練，就能運用催眠，讓人取得驚人的力量。

▸ 催眠的分類

二十多年前，我取得NGH催眠師認證後，師從四維文教院王輔天神父，爾後進入比爾·歐漢隆（Bill O'Hanlon，以下全稱比爾·歐漢隆）取向的艾瑞克森催眠，近年則是進入吉利根和薩德取向的艾瑞克森催眠研習，從中又得到了不少新的啟發與心得。

當代第一催眠治療大師吉利根曾說，第一代催眠的想法是「來訪者是笨蛋，只有催眠師才是聰明的」；第二代催眠則是美國艾瑞克森的催眠，而艾瑞克森對催眠的想法是：「來訪者的意識跟催眠師的意識都是笨蛋，只有潛意識才是聰明的。」

至於第三代催眠，在吉利根幾年前發表的著作《潛意識之門－生生不息的催眠聖經》裡便提及，他的「生生不息的催眠」同時有著意識與

潛意識共同參與，是為第三代催眠。

　　催眠與潛意識的各種論述十分豐富，不過，我即使對吉利根的大部分看法認同，但仍對其小部分的說法持不同的看法。

　　以下，我想簡單談談心中幾種不同取向的催眠。

傳統催眠

　　如果你以為傳統催眠只有一種，那是極端不正確的，身為NGH與ABH催眠授證導師的我，透過網路函授教學，學習認識了HMI、Omni等傳統催眠，曾經我也跟過政大的老布（Brian David Phillips，老布是世界級導師，各位可以上YouTube搜尋他的影片學習）。

　　事實上，傳統催眠流派很多，我幾年前在YouTube上甚至看到東歐的催眠師做的麥斯麥催眠術的錄影，當時的我以為麥斯麥催眠術早就埋葬在歷史中。

　　然而，這些不同催眠流派的共同取向，的確就像吉利根說的：「催眠師認為來訪者是笨蛋，只有催眠師是聰明的。」也因為這樣的取向，傳統催眠常被說是權威式的催眠。

　　傳統催眠治療在上個世紀最了不起的代表人物仍是艾爾曼，他的父親就是催眠師，在他親眼看見父親在癌末病痛過程中，請來一位催眠師對他做止痛催眠後，艾爾曼父親一直到過世都不再痛苦呻吟，這吸引了艾爾曼開始走上催眠這條路。

　　不過艾爾曼並沒有就此成為催眠師，反而成為一位成功的電台節目主持人，他甚至幾乎忘了過往的身分跟學習，直到有一次他被安排採訪

某位業餘催眠師，交流過程中，他覺得被採訪者的程度實在不如他，於是在太太的鼓勵下，他開始利用空閒時間做催眠分享，由於他的催眠表演十分出色，吸引很多人想跟隨學習，後來他推辭不了一位醫師的請求，就這麼開始了催眠教學。從幾位已經在學催眠的牙醫師起步，漸漸的越來越多醫師想要來跟他學習，其中也包含心理界醫師。

由於艾爾曼只收醫師做學生，因此催眠指導方向，主要是與這些醫師學生做各式各樣的催眠治療，他們從催眠止痛到身心症，而這些教學經驗內容，艾爾曼後來都整理在其著作《Hypnotherapy》中（1977年出版）。

艾爾曼有句經典名言：「沒有深度，就沒有催眠。」意思是，來訪者一定要進入深度催眠狀態，催眠治療才會有效。

據載，艾爾曼指導醫師時非常嚴格，他會要求這些醫師在做催眠時，必須在四分鐘內就要將來訪者誘導到遺忘數字，而他最廣為人知的經典代表作，就是「艾爾曼快速誘導法」。

不過，儘管他做了卓越工作，但很可惜的是，隨著他過世，人們也遺忘了他。所幸，有Omni催眠創辦人Gerald Kein重新發現艾爾曼，也再次將他的快速誘導法（Elman Induction）重新發揚，這才讓大家有機會認識或再次記憶起「大衛・艾爾曼」。

艾爾曼這個十分著名的「艾爾曼快速誘導法」，由於示範版本眾多，建議讀者不妨以關鍵字「Elman Induction」在YouTube上搜尋，而我個人偏好Gerald Kein（傑洛・金恩）以及Tad James（泰德・詹姆斯博士）的教學版本。

關於艾爾曼「誘導法」分段步驟我在正式催眠章節（第120頁）會再說明。這裡則先簡單說明，一般傳統催眠腳本都是依「催眠誘導──深化──測試──合併深化──給出直接暗示──喚醒」這樣的結構來進行。

也許你有好奇了，給出直接暗示，來訪者就一定會接受嗎？那麼來訪者要怎麼樣才能相信催眠師所說的，讓相信實現呢？

答案就在催眠的過程中，當催眠師逐步強化催眠師的「威權」──過程中催眠師以語言主導「控制的強度」，以及「不給來訪者思考空間」，讓被催眠者完完全全的聽著催眠師的引導，最後就能達到一種近似植入新信念的效果，這就是傳統催眠的特質。

傳統催眠師透過這樣的手段取得來訪者的信任跟服從，於是傳統催眠師就可以對來訪者做出「直接暗示」的指令，例如：「從今天開始，你就是一個不抽菸的人了，你會享受新鮮的空氣……」，透過這些暗示指令讓來訪者接受並相信，然後成為「新的自己」。

問題又來了，如同許多人好奇又擔心的，這是不是意味著催眠師可以控制來訪者？

不是的。事實上，**催眠的控制是假的，暗示的控制才是真的。**

來訪者其實有自主能力也有得選擇，催眠師只是利用了一連串巧妙的暗示，使得來訪者以為他被控制。正因為他相信自己被控制，所以，所有的注意力就會被限縮往催眠師想要他去的方向。

請記得，「相信」才是所有催眠的基礎。

▶ 艾瑞克森取向催眠治療

艾瑞克森的催眠取向是以治療為導向的催眠，在他眼中催眠深度從來不是問題，艾瑞克森被稱為策略派治療大師，他有幾個著名的治療，跟我們熟知的傳統催眠治療無關，而是跟「注意力的移轉」有關。

這裡我分享艾瑞克森兩則著名的故事，外加一個我親耳從他兩個園丁之一的比爾‧歐漢隆演講中聽到的，一個關於艾瑞克森取向催眠治療的故事：

故事一：密爾瓦斯基的非洲紫羅蘭皇后

艾瑞克森在推動催眠治療的時候，跑遍全美國在做講座，在一場講座中，有位學生問他可不可以在某次行經密爾瓦斯基附近時，順道去看他的姑媽。因為他的姑媽沒有結婚，一個人獨居，由於現在行動不便得坐著輪椅，學生懷疑姑媽有憂鬱的傾向，擔心她可能會輕生。

艾瑞克森聽完，答應去拜訪他的姑媽。

果真，如學生所擔心的，艾瑞克森發現他的姑媽確實是有很嚴重的憂鬱傾向。

在那裡，艾瑞克森也觀察發現，這位女士的花園開了很多漂亮的非洲紫羅蘭，依當地的氣候條件這可是非常不容易照顧的。接著，他知道這位女士是一位非常虔誠的基督徒，只不過因為必須坐輪椅，她擔心會造成其他人的不便，所以總是遲到同時提早離開，因此教區的人都不太認識她。

那時艾瑞克森沒有針對她的憂鬱做任何的處理，他只對著這位女士指出問題，身為一個基督徒她做得並不好。他告訴她，要去為她的教區做出貢獻。艾瑞克森要她每次到教堂，都要仔細看看教區裡的教友動態，然後不管是婚喪喜慶，她都要送上一盆非洲紫羅蘭表示關心或祝賀。

艾瑞克森從來不說明他為什麼這麼做，但是，我們可以看見發生了什麼事。

是的，這位女士會跟社區的人建立連結，再也不孤單；還會忙著種花，沒有時間憂鬱。

多年後，該區地方小報的標題寫著：「非洲紫羅蘭皇后過世，一千多人為她送葬」。

故事二：門牙縫隙很大的女士

有位女士的父母雙亡，她滿頭蓬髮，不施脂粉的去見艾瑞克森。

她對艾瑞克森說，她覺得人生沒有意義，她不想活了。因為她覺得自己太醜了，不會有男人看上她，所以，她無法像其他人結婚、生小孩、組成家庭。

艾瑞克森表示她並不醜時，這位女士露出她的門牙縫，指著門牙縫，跟艾瑞克森說：「這不是很醜嗎？」

艾瑞克森看著，沒有跟她爭辯，只說：「我不會阻止妳自殺，只要妳同意做……這些事情。」她同意了。

艾瑞克森要求這位女士做的是：「既然要死了，何不把錢花完！」於是他要求她去美髮、去買新衣服等等。每當艾瑞克森提出建議事項她

表示反對時，艾瑞克森就會說：「反正妳都要死了，何不去體會人生？」

後來，艾瑞克森要求她做一件非常不尋常的事，他要求她好好利用她的天賦，每天梳洗的時候，含一口水，再從門牙縫噴出水柱，不但要練習噴很遠，還要噴很準。

這位女士起先不願意，艾瑞克森半強迫的要求她開始每天練習。

隨著諮詢過程變化前進，這位女士變得越來越美麗，不久這位女士向艾瑞克森提到，辦公室有個小伙子好像對她有興趣，因為每次她起身到茶水間，他總是尾隨跟著她。

「不過，那是不可能的，誰會喜歡我這麼醜的女人。」

艾瑞克森要她下次到茶水間，先含一口水，躲起來，等那個小伙子進到茶水間的時候，在他背後噴水，然後趕快逃跑。她做了！但在逃跑的時候，被小伙子從背後捉到，小伙子問她，願不願意跟他約會。

很多年後，艾瑞克森收到一封附上相片的信，相片裡是這位女士跟他的先生，還有好幾個露出有門牙縫笑容的小孩。

從這兩個故事，你觀察到什麼？

對我來說這就是艾瑞克森與眾不同的地方，以紫羅藍女士的故事來看，他讓一個人從無助中找到資源；在牙縫女士的這則故事裡，他則是把原本的問題變成了資源。

故事三：艾瑞克森過世後，求助薩德的病患

薩德在艾瑞克森因病無法執行治療後，就搬到鳳凰城，承接下艾瑞克森的病人。

在艾瑞克森過世後，有一位病患來找薩德，提出治療戒菸的請求，他說：「十多年前，我帶著社交恐懼症跟戒菸兩件事來找艾瑞克森，他只幫我做了社交恐懼症，非常有效，希望這次你能幫我戒菸。」

因為艾瑞克森從來不告訴大家，他的治療手法跟想法，對薩德來說，這是重新發現艾瑞克森治療方法的時刻。

薩德問這個病患：「艾瑞克森用什麼方法治好你的社交恐懼？」

病患說：「我無法參加聚會，因為我總是認為別人的一舉一動都是在說我的壞話。那時艾瑞克森告訴我，只要我到人多的地方，我就對自己說：『我他媽的一點也不在乎！我他媽的一點也不在乎！』這樣就可以了。我真的去參加了聚會，當我開始不安的時候，我就在心裡反覆對自己說：『我他媽的一點也不在乎！我他媽的一點也不在乎！』然後我就可以待在聚會裡，慢慢的，開始也可以跟人說說話，後來就真的能夠跟人自然相處了。」

從上述故事中，我們可以看見艾瑞克森催眠治療的幾個特點：

① 艾瑞克森不會對抗來訪者

在上面的故事，我們可以充分得到一個驗證，正是比爾‧歐漢隆曾點出的艾瑞克森催眠治療的四個要素：允許、肯定、觀察、運用。（關於這四個要素，請翻閱至第132頁有更多說明）

② 艾瑞克森催眠取向很擅長利用他醫師身分的權威

即直接給出命令，這是艾瑞克森常用的方法，這跟很多催眠師認為的艾瑞克森只用許可的模式不同。

③ 同時多軌進行「暗示」與「隱喻」

薩德認為艾瑞克森常常用故事跟隱喻，有時說點俠事，講一點動物或日常生活中的現象，派一些任務，然後突然有一天你就被點醒了。

比爾・歐漢隆也具體指出了艾瑞克森所做的：一是「改變做法Doing」，二是「改變視角Viewing」，三為「改變參考脈絡Context」，然後這個人就被改變了。

那麼，如果從艾瑞克森取向治療師眼中，傳統催眠的年齡回溯又會是怎麼呈現？

艾瑞克森催眠治療取向主要是在幫助來訪者發現他們自己內在的力量，艾瑞克森相信，每個人的內在都擁有他所需要的資源。他們有一個「早期學習經驗套組」的原理，藉由喚醒童年回憶，快速引導來訪者年齡回溯，再用早期學習到的經驗來作為面對現在困境的資源。

若試著模仿艾瑞克森的方法，同時多軌進行「暗示」與「隱喻」，我會這樣說：

「我不知道你有沒有看過一個剛在學習站立跟走路的小孩，他們好不容易從爬行變得可以攀附桌子或椅子站起來。當他站起來的時候，他會笑，而且他會一直試攀各式各樣的東西站起來。

因為他的『視野變寬了』，當他『改變了』，從『更高的視角』看待世界，世界變得不一樣了，然後，他會試著放手站著，他會『不斷跌倒，又不斷站起來，他不會放棄用自己的力量站著』，好不容易他可以站著維持平衡了，他會開始試著走路。

你現在認為走路很容易，那是因為你經過長久的練習，也許你可以想起來，當你還是小孩的時候，走路是一件困難的事，因為你用了很多

力量來保持平衡，可是『走路本身就是一件不斷取得平衡、然後失去平衡、再平衡、再失去平衡的過程』，你必須有意的破壞現在的平衡，改變你的重心或處境，抬起腳，冒著跌倒的風險，升高重心，讓重心掉下去，然後，重新取得新的平衡，『移動就是不斷冒著跌倒的風險，取得平衡、失去平衡、再取得新的平衡』，而你也在改變中取得前進的力量。」

這不只是隱喻，括號裡的文字如果我使用不同的聲音跟斷句，它就會成為一段嵌入式的催眠指令或暗示。

艾瑞克森流派是這樣在運用催眠

如果你閱讀艾瑞克森學派催眠師的著作，不管是薩德博士還是吉利根博士，他們若提到催眠，總是說傳統催眠造成大眾對催眠的誤解，比方最激進的催眠師麥可‧雅可（Michael D. Yapko）在《臨床催眠實用教程》書裡這樣描述傳統催眠，特別是對舞台催眠，幾乎是與厭惡掛上等號：「在催生誤解這一點上，幾乎和舞台催眠師的作法同樣危險，甚至更危險的是催眠師個人因為無知或貪婪的緣故，在實踐中使用催眠來迎合公眾的誤解。這樣的人並沒有接受或很少接受正規的催眠和臨床科學的培訓，只是恰好具有足夠的譁眾取寵的力量來誤導人們。」

我相當能體會他們的無奈，當他們被問「為什麼不能打個響指就讓我進入催眠狀態」，或者「聽說催眠可以讓人覺得無所不能的，像是過火、吞火、踩碎玻璃」時，都會讓人有專業上的尊嚴被侵犯的感覺。

艾瑞克森認為催眠是一種自然的狀態，他曾說，他做的催眠是自然催眠，而他指的自然是催眠現象在日常生活中無處不在，只須喚醒一段

經驗，就能讓來訪者感覺是自然而然的進入催眠，但事實上就催眠師的操作學習那是相當細膩繁複的技法。

因為艾瑞克森很少說明他的催眠，所以不同的學生會學到不同的重點，這其實也跟傳統催眠一樣，因此不要聽到這個催眠師是艾瑞克森催眠取向的，就以為他們的作法都一樣。這部分，我在後面會有更多的艾瑞克森催眠的介紹。

▸ │ 我眼中的催眠

說在前頭，我從不認為哪個門派比較高級，門派之間有這麼多不同，就像我前面說的，都是因為環境的需要。

不論如何，這一行有很多有趣的現象，像學院派堅持使用最簡單結構的催眠法，因為做實驗必須控制變數。而臨床治療派堅持人本精神，絕不做可以被察覺的、涉及操控的催眠，因為要符合治療倫理。

舞台催眠師則是看不起其他流派的催眠師，他們自認是做的最好的，但事實上心底卻是害怕被其他人看不起。

因應環境需要與現實有各種各樣狀況，我舉個例子來說說這現象。

有一個源自艾瑞克森的催眠手法，叫做握手中斷法。最早是艾瑞克森在各地示範催眠時做的，而NLP的祖師爺理查・班德勒在取得艾瑞克森同意，跟隨學習，在一段時間的近身模仿後，才公佈他學習模仿到的方法。

由於艾瑞克森的催眠地位無法取代，所以，各個門派都想要學得精

華，而這個「握手中斷法」就成為各派催眠師窺探艾瑞克森取向催眠的窗口。於是所有學習催眠的人為了酷與炫，艾瑞克森的握手中斷法便成為催眠技法必學的招式。

不過，多數的艾瑞克森學派的催眠師卻不做這些，他們認為那太操控了，容易被批評，對他們來說「手臂漂浮」才是艾瑞克森學派催眠師的入門門檻，因為它是合作式的催眠，可以銜接上催眠治療。

也許你又好奇了，「握手中斷法」是艾瑞克森發明的，而他也用握手中斷法與催眠治療結合，那為什麼他要做這麼操控的催眠？

因為，艾瑞克森那時候在跑江湖，事實上，他是冒著被取消心理醫師執照的風險，巡迴全美在做催眠治療推廣講座。

當時的催眠仍被視為不入流的技藝，只能在檯面下施行，可是艾瑞克森卻公然用催眠做心理治療，這讓很多正規醫師想要註銷他的醫師執照，因為他們不齒艾瑞克森的行為。

所以艾瑞克森知道，他每一次出場都必須很快震懾住整個會場，再介紹「什麼是催眠」。試想，有什麼比得上「握手中斷」這個能讓人瞠目結舌的示範？

在艾瑞克森之後，他的學生們紛紛著書、舉辦講座來推廣艾瑞克森的方法，雖然他們做的是艾瑞克森取向催眠治療，只是他們大多是醫療跟心理專業人士，對他們來說專業倫理比證明自己很厲害重要，因此他們其實也給了自己較多限制而不自知。

相反的，非心理、醫療專業背景的催眠師，即使不做舞台催眠，也很難不做很酷很炫的催眠，畢竟他們有說服別人的壓力，環境因素下，

這些催眠師必須做到四項讓來訪者相信會被催眠的「前提假設」：一是讓人了解什麼是催眠；二是讓人相信催眠師有能力催眠；第三，讓人相信自己可以被催眠；最後則是讓來訪者相信，自己會被催眠師催眠。

對我來說，催眠師不具備超能力，因為所有的催眠都是來訪者的自我催眠，但是仍然必須讓來訪者「相信」我們，這樣催眠過程才能順利進行。

至於「舞台催眠」，我認為它是一種娛樂，因此現實情況是，不太有人會管你在舞台上做的是真的還是假的，重要的是娛樂效果。

但是舞台催眠師是靠一場場舞台秀吃飯的，他不能砸了自己的飯碗，所以催眠秀開始前，他會依三個選項來進行快速過濾，以選出適合上舞台的夥伴：一是來訪者必須有表演慾望；二是來訪者必須能完全聽從指揮，不會作怪；三是來訪者容易進入催眠暗示。

所以，舞台催眠師都練就了一身超強的篩選催眠表演者（被催眠對象）的能力。

另一方面，觀眾花錢是來享受娛樂的，不是來上課的，因此催眠秀要精采好看又充滿娛樂性，就跟說笑話一樣，常常要挑戰禮俗跟想像的界線。

舞台催眠師比較像是個演員，但是催眠仍然需要相信才會有效，所以舞台催眠師會不斷告訴別人：「我是全世界最偉大的催眠師。」或者是：「我是某某催眠之父。」至於有些人明明不是做舞台催眠，為何他們還是常常做這些宣言？當中原因，我也不懂。

不管如何，所有催眠師都有他們自己的需求與特質，就我自己的規

則是：假如來訪者即將跟我進入助人關係，我就必須顧慮，不能讓來訪者認為自己不能控制自己，或能力有缺失，那樣的操控性催眠是我不該做的。

當然，在非助人關係中，催眠師基於練習或說服需要執行酷炫的技法，我就不認為這會違背什麼倫理。

回到艾瑞克森的催眠，他也是受傳統催眠教育的啟蒙，就算他做的是對傳統催眠的反動，我們也必須了解催眠當中的各種機制，由於艾瑞克森沒有親自書寫留下任何理論紀錄，即使生前也從未教授他的想法，他的想法大多數是他的學生自行揣摩，像其門生之一吉利根就說：「每一位艾瑞克森重要的學生各自都有不同的看法。」

換個角度說，不管你是什麼流派的催眠師，想要做好催眠，需要很多的練習，那絕不是「說一口好催眠」就好，而是需要從實務上去實踐，同時檢驗所學，建立一套自己的催眠應用。

回顧自己這段催眠學習的路程，從傳統催眠開始，再進入艾瑞克森取向催眠治療，然後是街頭的清醒催眠，這讓我完全同意薩德說的：「在做助人工作時，我們必須是一個綜效性的助人工作者。」因此，我繼續積極取得 ABNLP 講師、及 NLPU 聯盟講師這兩個不同機構的認證。

這段路走過來，在我眼中的催眠各流派已沒有高下之分，而是要去思考，怎麼綜合各派別的精髓並且截長補短，然後融合成一個自己嫻熟的手法，再從實踐中，建立自己的催眠藍圖，我希望能使這張藍圖大而繁複到足以覆蓋來訪者的內在地圖，這才是我認為學習催眠的重點。

我的建議是，所有想學習催眠的人應該以一個流派為起點，然後再

廣泛接觸各個不同的流派，如同我NGH的啟蒙老師雪琳曾說的：「在座有二十四位學生跟我學催眠，結束的時候我們會有二十四種不同的催眠取向的催眠師。」換句話說，你不必成為艾爾曼，也不必成為艾瑞克森，你應該以你自己樣子成為這個世界上獨一無二的催眠師。

所以，管它是什麼流派，讓你自己就是自己的流派，我們一起共勉。

催眠從傳統到街頭

在這單元中，想與各位談談催眠觀念，同時也進入測試演練，為了方便讀者能更加認識催眠技術，也能真正嘗試練習催眠測試，在YouTube上，我有一個「催眠從傳統到街頭」工作室平台，裡面有相關學習影片。

其實，曾有人看了「手指沾黏測試」影音後留言「沒用」。

我想說的是，催眠測試確實經常會沒有用。但身為催眠師的你，必須心懷「沒有失敗，只有回饋」的念頭，並且對每一個失敗真心檢討，積極改進自己的技巧跟觀念，催眠技術才會有所進展。

測試會失敗有著各種可能的情況，但不管什麼原因都要記得「所有催眠都是自我催眠」。我認為催眠師需要認真的自我修為，不是只著重在技術，而是心中要懷有更多對人的尊重與慈悲，因為來訪者也會挑選催眠師，他們會保護自己。

永遠要記得，催眠或其他任何世間事物的運行，它們之所以有一個大家遵循的道理，是因為背後有一個情境脈絡。同樣道理，催眠要可以變得有道理、可被依循，自然也有一個情境脈絡。

那麼在催眠中，誰負責建立情境脈絡？

答案當然是催眠師，這個情境脈絡有一個專業名稱，我們稱為「前提假設」。

⊁ │ 催眠的觀念

記得，不存在零風險的催眠！

我剛學會催眠的時候，遇到某一派的催眠師，他們認為只有他們家出來的才是正統催眠學派的催眠師，在網路上，他們甚至會去霸凌其他催眠師，可是有意思的是，他們當時最常催眠的對象是動物，而不是人。

有一次，我好奇的問了一位催眠師：「我怎麼很少看到你們對人在做催眠？」

他回答我：「催眠有風險，不能隨意對人施做催眠。」

聽到當下，不免讓人心裡出現很多對白，不過為了避免無謂爭執，我就快速換了話題。可是，我始終思考，如果不做大量練習，你要如何成為催眠師？

當然，我理解有些宗師，不是真的想要教會學員做催眠，或許他純粹想要個人榮耀感，可是這也讓我忍不住要提出反省：台灣是全世界領有催眠師授證密度最高的地方，可惜的是，能說得一口好催眠的人多，真正能做催眠的人少。

如果你問我，催眠有沒有風險？

有的，事實上所有的溝通跟治療都有風險，你會因為害怕風險就不

做溝通跟治療嗎？

對我而言去理解風險，從而著手控制風險，還有最重要的，在風險之前學習謙卑的態度，並且謹慎小心的做助人的工作，這才是對的。

催眠師不需要具有超能力！

學習催眠的過程中，我曾與兩位道士成為催眠夥伴，一位是在我初學催眠時，一位是在十多年前的一場講習會相遇。

第一位道士夥伴深信，催眠師不只要修行，還要有超凡能力才能做催眠。有次我去他的工作室，在那裡第一次見到什麼是「克里昂相機」[8]，一種可以拍出身體能量光的器具，不過不要問我真實性，因為我真的不懂。

總而言之，他認為催眠時容易引來邪靈入侵，為了做催眠，他在工作室布局：四個角落擺了水晶洞，還有其他很玄奇的布置，說這磁場能保護催眠師跟來訪者，當時他還用四聲道環繞音響播放特殊音頻的音樂，並邀我體驗。

只是，對這塊領域我很不敏銳，加上面對人際衝突偏懦弱的我，只好說：「這很特別……」

註8　克里昂相機
1939年由俄羅斯工程師克里安所發明。其原理是，在照相底片下放置一片三萬伏特高壓的金屬板，然後在攝影時，將手指置放在底片之上，再施予通電，產生的電流（極微弱）會造成電子在底片和手指間跳動，將周圍的空氣離子化，手指的周圍會形成一圈亮光且呈現於底片上，即為克里安光暈。

至於第二位道士，我很尊敬這位夥伴，上進又實事求是。

他說在學催眠之後，突然發現許多傳統儀式都跟催眠方式相近，這讓他開始自我懷疑，甚至認為自己在法力上的自信，會不會是自欺？

因為這個懷疑，使他慢慢喪失自信，連帶也影響他做法時的威力。

在一次講習會中，他請求上台示範，講師也答應了，這個示範讓我對催眠有另一個境界的認識，整個治療的畫面充滿能量，這位夥伴也在示範過程中重新獲得了法力，那是一個非常精采的示範。

雖然見證精采，可是我又忍不住思考，一位不懂道術的外國講師透過翻譯的催眠引導，為什麼能讓他重新獲得法力？這中間到底發生了什麼事？

雖然好奇，但是我真心相信催眠師不需要超能力，身為催眠師，真正需要的是一顆善良和助人的心，對我來說催眠師真正的能力——是來訪者的「相信」跟「賦能」而產生的能力。

再次提醒：「**你相信什麼，你就得到什麼。**」如同這一位道士，透過翻譯的催眠就能得到一個不懂道術的外國講師的療癒，那麼我們也可以這樣相信，如果你覺得需要特殊的幫助才能做好催眠的話，那麼你就會得到。

用好奇心打敗恐懼！

開始正式學催眠跟NLP，是在我從事保險銷售業的七年期間，和所有業務員夢想的一樣，我們都想像催眠師那樣，彈個手指，然後客戶就會付錢買產品，於是各種催眠式銷售的課程問世，有如何建立親和

感、嵌入式指令、催眠式話術等等。

二十多年前，美國催眠大師馬修・史維（Marshall Sylver）來台灣辦了一場超過千人的催眠式銷售課程，課程只有一天，門票卻價值不斐。在課程結束十多年後的某一天，我遇到一位曾經參加那場課程的催眠夥伴，他說一直想找回當年在那個會場所感受的能量，都已經過十幾年了，可見馬修・史維的催眠影響力多麼驚人。

我發現有個很有趣的現象，課程中業務員彼此互相演練時，這些話術的說服力超強，但是實際來到客戶面前，成功與否，還是決定於你跟客戶的關係。就像蓋大樓一樣，基礎要穩固，一層一層往上蓋時，越下面結構要越扎實，才能確保建築物不倒塌。同樣道理，催眠「基礎層」是親和感（建立關係），往上一層是蒐集資料（設定結果），再上一層是整體性考量（衡量個體跟系統的平衡），最後一層才是技巧，簡單說，是「關係」決定了技巧有沒有效。

對我來說，這類速效課程其實是業務員的療癒課程，然而這就是催眠，因為相信越多產生的力量越多，甚至課程越貴越有效，因為錢付越多，學習者「期待、相信」更深。不管什麼情況，這些課程都起到「療癒」業務員的心，讓他們充滿自信，可以繼續衝衝衝！

透過催眠學習，也讓我看到一些錯誤的推銷方法，以保險公司為例，他們花了很多時間教新進人員一些應對技巧，像對已經買過保險的人取得保單校正的機會，是當時銷售新保單的最佳方法。只見內向型業務員內心掙扎很久，又怕對方瞧不起自己，又必須推銷，接著好不容易得到機會，卻把時間花在解釋保險的意義與功能，跟自己如何受到感召

從事保險事業等，完全看不見對方根本沒在聽，甚至可能正想著要如何脫身。這樣根本是錯的，那要怎麼做才好？

銷售人員應該利用舊身分跟舊關係來取得保單，然後，用催眠技術來講，像是瞬間催眠的方式，先是取得驚嚇，讓來訪者腦袋空白，接著給出指令，即讓他在還來不及思考的情況下接受指令。具體正確地作法應該是：

① 遞出名片，介紹自己現在的工作。

② 利用對方還來不及反應的時候問他：保單跟誰買？買多久？繳多少錢？

③ 自己正在學習如何校正保單，希望對方給自己一個練習的機會。

④ 什麼時候拿保單。

⑤ 開始聊天，這時候你可以開始說你的偉大使命了。

這裡提到的瞬間催眠跟銷售保險有個共通點，當新人或催眠師的內心出現恐懼，恐懼害怕就會吞噬他們，簡單說，外面的現實都是你的內在想像，是你創造出自己的實相。

我們很容易把內在的想像投射到對方身上，這會影響你的外在表現，當別人從你身上看見、聽見，甚至感覺到猶豫、擔心、膽怯時，要他如何相信你可以帶領他過得更好？

所以，對催眠師而言，與其耗費心神去想挫折，不如興奮的去想催眠的好處與樂趣，面對來訪者也一樣。

面對來訪者，說明催眠可以為他帶來什麼幫助，像這樣我們對自己反覆說什麼，什麼就會發生，很多人平常就會對自己做很多負向催眠，

比方我一輩子學不好英文；這件事發生我就死定了；我是魯蛇……等等，這些就是催眠，而且效果很好，不是嗎？

從這個角度思考，我們何不好好善用催眠呢？你可以跟來訪者玩點小遊戲，比方送他一個擺垂，讓他了解什麼是意念動力，來勾起他對潛意識作用的好奇心，當好奇心升起，恐懼自然消退。

當然，實務上還有許多細節，如果你是做業務銷售的，若在這裡得到啟發與更多好奇，也想找我上催眠銷售課的話，我很樂意，但是請先準備好大把鈔票，我也會保證有效！

催眠不是一蹴即成，需要細心舖排。

有一年催眠課招生情況越來越差，我預期主辦方可能會停辦這門課程，卻沒想到該年因為一部「催眠大師」電影上映，反而課程加開，而且場場爆滿。

為了迎接這意料之外的機會，課前我先看了這部電影，畢竟很多人是因為對這部電影好奇而來上課的。

看完電影，我心情有點忐忑，因為電影把催眠拍的太神奇了，只見電影中莫文蔚一轉身，徐崢就倒地並進入催眠？

這不是瞬間催眠可以做到的，而是要先有「催眠後暗示」才可能辦到，只是全片沒有交代催眠後暗示的過程。此外，催眠後想像的場景是那樣鉅細靡遺又色彩豔麗，那也絕不是大多數人進入催眠時會有的經驗。不過，就像爵士樂手說的：「爵士樂沒有彈錯的音符，每一個失誤都是一個機會。」因此催眠師要學會接受事實，既然大家都好奇瞬間催

眠，我就認真複習幾個瞬間催眠，以滿足學習者各式各樣的好奇與想像。

真實存在，然而大家都忽略的「前提假設」。

所有催眠都必須要有「前提假設」存在才會發生，因為所有催眠都是自我催眠，而催眠的根基在相信，比起意識上的相信，「前提假設」是不受意識質疑的潛意識層面的「真實」。

也就是說，比起外在五感接受到的現實，前提假設更屬害，因為它可以扭曲現實，最耳熟能詳的一個成語例子「疑鄰盜斧」，有個人掉了斧頭，他懷疑是隔壁鄰居偷的，然後他觀看那人所言所行都認為像小偷，最後卻發現是自己不小心放在上次工作的地方。這例子裡的「疑」，就是「前提假設」下的認知。

我再舉一個「神父與煙槍的故事」的故事來說明：

有個煙槍問神父：「神父，我在祈禱的時候，能不能抽菸？」

神父說：「當然不行！這樣不夠虔誠。」

過幾天，他又來問神父：「神父，我在抽菸的時候，能不能祈禱。」

神父回答他：「當然可以，想要親近上帝的心，隨時都歡迎。」

「祈禱＋抽菸」不也等於「抽菸＋祈禱」嗎？

你也認為它們一樣嗎？

祈禱被視為重要且不可侵犯的主體，進行重要事情時被干擾，跟抽煙時想到神聖的主體，當然是不相等的。

再舉兩個情境，「讀書的時候想到網路遊戲」與「玩網路遊戲時想到讀書」，你是否更清楚了？或者，我們再看看這四個字：屢「戰」屢

「敗」，和屢「敗」屢「戰」，有發現當中的差異嗎？

　　這些都是涉及內在地圖的偏好，也就是相同的事情以不同的述說方式時，所帶來感受上的差異，以下我再舉幾個例句：

例	A	B
1	這項計畫的成功率有70%	這項計畫的失敗率有30%
説明：我們害怕失敗跟損失，即便兩者相同，但是談到損失，你的情感會放大並扭曲它的比例。		
2	24小時內回覆你	明天回覆你
説明：它們相差不多，但是以天為單位跟以時為單位，顯然24小時感覺快速又專業，因此模糊的指稱跟具體的指稱會改變你的內在感受。		
3	如果世界是一個100人的村莊，其中55人是亞洲人	71億的世界人口，亞洲人佔了39億
説明：這一樣是尺規的問題，我們對於不常使用的過大的數字沒有概念跟想像，所以，比例鮮活了描述。		
4	凡購買商品者，每50位就有一位可將商品免費帶回家。	凡購買商品者，有2%的人可免費將商品帶回家。
説明：比起比例，用具體化更鮮明。如果上一題的描述是亞洲人佔世界人口的55%，你可以比較一下，你的內在感受有沒有不同。 　　那麼再與樂透中獎率相比，50個人就可以有一個人中獎，這不是很棒嗎？		

　　上面例句中，是什麼影響了你在感受與認知上的差異？

　　是每個人內在潛藏的「預設」！

　　對「例1」，多數人會覺得，比起得到，損失更重要。

其他「例2」、「例3」、「例4」則是你有一個內在地圖，外在的世界必須跟你的內在地圖接軌，才能理解它的含意。只不過，你的內在地圖也會刪減、扭曲、概化外在進來的訊息。

這些預設我們稱它為「前提假設」，它可能是一個框架、一個情境的背景與主體、一個預設立場或因果關係，當注意力在其中遊走，心智就可以把一樣的東西變得不一樣。

再舉例，你看到了一個很喜歡的包包，付錢買了，但是第二天發現：

① 你用2萬元買到了原價3萬元的包包。

② 你用2萬元買到了原價2萬5千元的包包。

③ 你用2萬元買到了包包。

④ 你用2萬元買到的包包，第二天降價到1萬元。

你用2萬元價格買的事實不變，但是事後卻發生了上述四種之一的情境，你最初買包包的心情有沒有被影響和改變？

從心理實驗看前提假設的重要性

社會心理學家羅伯特‧西奧迪尼（Robert B. Cialdini）在《影響力》書中提出三種讓人說Yes的方法：

①「得寸進尺法」：從小的要求開始，借助被要求對象的一致性需求，慢慢變成大的要求。

例：想像有人來找你，說是為了增進行車安全，希望能無償的讓他在你家的庭園設一個大型交通警示廣告版。你願意嗎？

你不願意？

你是對的，因為只有17%的人同意。

但是如果換這個情況，他請各住戶簽一份無傷大雅的交通安全請願書，而住戶都簽了。經過兩個星期，他向這些簽過同意書的住戶提出要無償在你家的庭園設大型交通警示廣告版。猜猜有多少住戶同意？

76%。比起上一個情況，同意率高出4.5倍。

②「以退為進法」：提出對方可能拒絕的困難請求，接著再提出一個合理要求（這也才是你真正目的），如此一來，你得到協助的成功率就會大增。

例：想像一下，你走在路上，有人過來跟你說：「先生你看起來很善良，你願意成為我們的志工，陪一群小孩去動物園戶外教學嗎？」

這比答應讓人插隊困難多了，所以，只有17%的人同意。

但是如果換成這樣，先詢問受試者是否願意願意成為輔導青少年罪犯的志工，一旦成為志工，每週須撥出兩小時，為期兩年。

結果，沒有受試者接受這個請求。

接著，研究人員提問，是否願意花一天時間陪這群孩子去動物園戶外教學。「同意」比率竟高達五成。

③「低飛球技巧」：開出難以拒絕的誘惑後，逐步往上增加需求並加價。

例：看到路邊水果攤的看板寫著一箱100元的水果，你停下來，卻發現想吃的水果不是100元的那一箱，而是賣相好，但是要價

200元，以及看起來真正合適購買的300元那幾箱。

最後你買了，但不是標示100元的那一箱水果。

蘭格教授的影印機插隊實驗

這是艾倫‧蘭格（Ellen J. Langer，以下簡稱蘭格教授）[9]十分有名的影印機插隊實驗，將讓我們更加清楚，提出要求的內容是什麼並不重要，重要的是，能符合被要求者的心理模型就能得到你想要的。

在網路還不發達的年代，學生都得乖乖到圖書館找資料，然後再把需要的圖書資料影印備份，大家要影印的資料都很多，所以即使沒什麼人排隊，在影印機前常常也要排很久。

於是，蘭格教授讓實驗人員拿著準備影印的資料，走到影印機前要求插隊，同時她也準備了五種理由，以下資料例句出自《放空的科學》：

	問句	成功率
1	「對不起，我只要印5頁，可以讓我先用這台影印機嗎？」	60%
2	「對不起，我只要印5頁，可以讓我先用這台影印機嗎？因為我趕時間。」	94%
3	「對不起，我只要印5頁，可以讓我先用這台影印機嗎？因為我要影印這份文件。」	93%
4	「對不起，我要印20頁，可以讓我先用這台影印機嗎？」	24%
5	「對不起，我要印20頁，可以讓我先用這台影印機嗎？因為我趕時間。」	42%

從這個實驗，能歸納出幾個重點：

① 小要求比大要求容易成功。相較於五頁，影印二十頁遭拒絕的可能性大很多。

② 給一個理由，可以大幅提升成功率，從60%就變成94%。

③ 只要符合結構正確，提出要求的理由是什麼並不重要。甚至可以說，就算沒有理由，只要符合「因為……所以」的結構，我們好像就覺得可以接受，於是「因為我要影印」與「因為我趕時間」，可以得到一樣的效果。

催眠如何運用前提假設

以「得寸進尺法」來解說，它是逐步取得承諾，從小承諾換到大承諾，這比一下子就要求大承諾要容易成功，「催眠」也是這樣做的，催眠師除了用小承諾換大承諾，也用小相信一路換更大的相信，直到來訪者進入另外一個現實。

以漸進式放鬆為例子，這個催眠過程不是放鬆舒適，而是逐步施壓來訪者，使人產生習慣性的配合，只是過程中被催眠者的意識並沒有覺察到。

以「漸進式放鬆」的講稿為例，當催眠師說「做個深呼吸」時，就只有說「做個深呼吸」，被催眠者便會自然用力、緊繃，也許你現在就

註9　艾倫・蘭格（Ellen J. Langer）是哈佛大學的心理系教授，並於1981年成為哈佛大學有史以來第一位獲得心理學終身職位的女性。著有十多本書，其中享譽國際的暢銷書《用心法則：改變你一生的關鍵》，已譯成十五種語言。

可以做個深呼吸感受一下。

接著催眠師說「吐氣的時候讓自己放鬆下來」，再說「把注意力放在你的頭皮」，這時專注又一次帶來用力、緊繃感，然後「再次注意到你的頭皮，讓它……放鬆下來……現在感覺到你的後腦勺，讓它……放鬆下來……」，在「感覺到你的後腦勺」，這「感覺」兩個字一樣要用到注意力，一樣會有用力、緊繃感。

對於「漸進式放鬆」（腳本詳見附錄2-1）算不算是催眠？有些人同意，有些人不同意。

更進一步問，它涉不涉及操控？所有人都會說，不會。

可是，過程中催眠師收穫了「前提假設」，讓來訪者放下心防：在反覆「緊繃、放鬆」過程中，經過三、四個指令，訓練了來訪者，讓彼此能**從生疏到熟悉**，然後**成功建立關係**，進而能「**訓練來訪者聽從催眠師指示**」，達到「**讓來訪者相信催眠師說的會實現**」。

前面有提到「以退為進法」，這是另一種催眠師運用的方法，它是每句話裡有一個表面意思跟一個底層意思，底層的意思就是隱含在話裡，也就是足以啟動來訪者前提假設的暗示。

暗示例句對照：

- 根本沒有所謂的催眠，只有溝通
  暗示句：我要說的溝通就是你心中的催眠
- 我還沒有要你進入催眠狀態
  暗示句：等一下你會進入催眠狀態
- 不要太快進入催眠狀態

暗示句：你會進入催眠狀態

暗示句即「催眠就是溝通」，底層完整意思是：「你已經在進入催眠的路上，因為我們正在溝通。」

低飛球跟插隊實驗的重點在，一件事或一個念頭都是中性的，必須有背景或上下文的脈絡（context）才能彰顯它的意義，這也是比爾·歐漢隆提到的，艾瑞克森催眠治療真正著眼的是「作法、看法、情境脈絡」。

那麼，情境脈絡有多大的影響力？

蘭格教授在其《逆時針》一書中，提到她另一個著名的「老年人回春」實驗。該實驗是讓老年人重新回到年輕時的環境，僅僅一星期就使他們的體重平均增加了三磅，手握力也大幅提升，還有許多測驗上，他們的表現都變得「比較年輕」，比方關節柔軟度及手指關節炎症狀減輕，還有指頭能伸得比較直、手部靈巧度的改善等；其他智力測驗，也有63%的人分數提高。

也就是說，從身高、體重、步態和姿勢等方面都有改善。

最後，他們還邀請了不知道這項研究目的的人，來比較受試者在實驗前後拍攝的照片，根據這些觀察者客觀判斷，所有受試者在實驗結束後看起來都明顯變得比較年輕。

所以，你覺得情境脈絡重不重要？

▶ 「前提假設」在催眠的運用

設想你走在街上遇到曾有一面之緣的人，那個人朝你打招呼，露出

笑容，向你走來，同時還伸出他的手。你下意識的也伸手向前，你的鏡像神經元[10]讓你不經思考的複製了他的笑容，可是當你們雙手相接的時候，他卻突然拉著你的手往前、往下拉，使得你失去平衡，然後還大聲喊：「睡！」

你會有什麼反應？

你會起來打他嗎？

你不會？

我告訴你，我會！

這是「下拉法」瞬間催眠的標準動作，我們的手突然又莫名的被下拉，一般人都會覺得被侮辱了，這跟順從催眠指引進入催眠狀態的差別，就在被催眠者所處的時空背景上的不同。

艾瑞克森有一個著名的故事，他在全美巡迴演講時，曾有高傲的醫師對著他說：「我才不相信什麼催眠，你能催眠我嗎？」

艾瑞克森邀請他上台，行禮如儀的一邊走向他，一邊伸出右手，就在雙手快接觸的時候，艾瑞克森卻突然蹲下去綁鞋帶，那位醫師就僵在那裡，尷尬得不知所措。然後，綁完鞋帶的艾瑞克森站起來，繼續完成他們的握手，接著艾瑞克森請他入座，而那位醫師後來也順利的進入催

註10 鏡像神經元

人的大腦中有一些神經元組，在個體進行某些動作以及觀看別人進行相同動作時，都會產生反應，這就是「鏡像神經元」，簡單說就是我們看到別人的動作時，會在腦中重現相同動作就像是自己做的。而這也使得我們能夠理解別人的行為及企圖，可以彼此溝通，此外，還讓我們能透過學習將生存技再傳承下去。（摘自科學人雜誌）

眠狀態。

如果換一個場景，不是在這樣的舞台上，醫師可能會因為感到被侮辱而要求要跟艾瑞克森來一場公平的決鬥。

我常常跟學員說：「催眠有效的要素是，來訪者有一個『我就要進入催眠』的前提假設。」

因著這個前提假設，來訪者在你邀請上台後，才會心甘情願接受你的合理安排，比方，他來到台上，明明已經站在一個好位置，可是，為了讓他的潛意識習慣接受你的安排跟指令，你硬是要求他「往前站一步、稍微往右靠兩步、再往前一點、靠右一步。」讓他在生硬的移動過程中，變成能自然接受你的指示。

同樣的情況，如果換在辦公室裡，你對著同事說：「你可以站起來嗎？往前一點、再靠右一點……」我猜他一定會對你說：「你想幹嘛？」

在不同時空背景裡，每個人的「前提假設」自然不同，因此人們回應或配合的情況自然也會不一樣。

不是只有舞台催眠才運用前提假設，艾瑞克森也是運用前提假設的大師，以下摘自比爾‧歐漢隆在《*A Guide to Trance Land*》書中提到的例子：

① **兩難的引發**

—你想現在進入催眠狀態，還是等一下？

—我不知道你會睜著眼睛進入催眠狀態，還是閉上眼睛？

② **假定一些事即將發生**

—在你進入催眠狀態前，我想跟你澄清一些關於催眠的錯誤傳說。

——我不要你太快進入催眠。

③ 假定一些事情正在發生

——你可以進入得更深。

——對，就是這樣，繼續……

④ 假定一些事情剛才發生了

——歡迎你回來。

——現在，你的潛意識會解決一些我們剛才沒有談過的問題。

⑤ 暗示一些事情正在發生、將要發生或已經發生，並藉此知道來
　　訪者是否意識到了這些

——我不知道你是不是意識到，你的呼吸已經改變了。

——你可能並沒有意識到，但你的潛意識正在為你做大量的工作。

在傳統催眠中經常強調①～③，也就是要求催眠師在進行催眠時，
遵循「即將發生」、「正在發生」及「已經發生」的原則。至於例⑤，用
傳統催眠的概念來說，這會產生合併深化的效果，即「是我驗證了催眠
師所說的」，這表示「我真的已經進入催眠」，換句話說，來訪者更加願
意配合催眠師的指令。

「前提假設」是一種強大的暗示工具，因此催眠師必須學習並嫻熟
的運用。

日常生活中的假設前提

常常會有人問我：「觀落陰是不是一種催眠？」或「催眠該不該跟
傳統五術結合？」

提問人通常帶著前提假設發問，心中已經有想好的答案，因此我的回答並不會改變他太多。

於是，我必須指出自己不懂法術，因此無法做出評論，不過我知道他前一個問題的前提假設是好奇，後一個問題涉及評論。所以我的回答如下：「觀落陰是一種法術，我可以使用催眠跟暗示模擬出觀落陰的現象，但那並不是觀落陰。」

至於，該不該用催眠技術來做探花叢，或是看本命宮這類事情？

我有一個狡猾的回答：「我認為催眠是一個工具，是中性的，是好或壞，取決於使用的人，以及它最後的用途。」

換句話說，假如這個人本來就真的相信這些，也本來就是個道士，那他學了催眠並運用在這些地方，我不認為這有什麼問題。可是假如這個人學會催眠，卻利用暗示來讓人相信並從中謀求錢財，沒有遵循諮詢倫理跟利他原則，這就需要被譴責。

換個方式問，如果學生看了老師做的示範，雖然知其然而不知其所以然，但是遵循明確的步驟，他也有辦法做出近似的效果，且這個學生是滿腔熱血想要用在「利他」。那你覺得他是惡人還是好人？

行為本身不具意義，是「前提假設」決定行為的意義，不是嗎？

了解這些前提假設之後，我要很自豪的告訴你，不是只有打坐靜心才能修行，作為一個催眠師，看見自己活在比爾・歐漢隆說的 Context 背景裡的種種前提假設，一如藍天中的朵朵白雲升起又消落，然後能夠不掉進去，那就是最好的修行。

催眠的結構

依照傳統催眠的架構，催眠結構、流程可約簡成以下模型：「解說催眠」、「催眠前測試」、「正式催眠」。

首先，催眠前為什麼要「**解說催眠**」？

一是，**為了去除來訪者的害怕跟恐懼。**

來訪者可能對催眠有不好的印象，像是從電視、電影中接收太多對催眠的偏見或誤解，比方害怕被控制，害怕說出自己的秘密，害怕催眠後醒不過來等等，因此催眠前的解說是需要的。

二是，**利用解說的機會，預告催眠會發生什麼。**

催眠是一種意識的變動狀態，意思是，在催眠中來訪者會體會到不同於平常的意識經驗，是陌生又新奇的狀態，因此催眠師要告訴來訪者，催眠中「即將發生」、「正在發生」、「已經發生」，讓來訪者不至於在體驗意識變動狀態中感覺到不安跟慌張。同時，再藉由「解說催眠」過程，夾帶暗示，好幫助來訪者更快的進入催眠。

我喜歡用「好奇心」來引導，讓來訪者願意接受催眠引導，除非他主動表達疑慮，不然我不太花時間處理來訪者的疑慮。以下是我的催眠解說：

「不管你喜不喜歡催眠，你一直在做它。很多人花很多時間告訴自己，我永遠學不會英文，或者我永遠對數學沒輒。你猜結果怎麼樣？

對！你相信什麼，你就得到什麼。你的相信會帶著你的能量跑，這就是催眠，你一直對自己輸入指令，然後你深信不疑。

催眠不是什麼神奇的事，它就是一種相信的力量。有點像信仰，英文的 Believe 就是相信跟信仰共用的詞，更棒的是，你就是教主，不需要再相信任何人。

有個很有名的心理效應叫做安慰劑效應，就是你給一位病人用澱粉做的藥丸，然後告訴他這就是最新的特效藥。你給一百個人吃，三十三個人會出現療效，其中有五個人可能會完全療癒。所以，新藥在人體測試階段，需要比較組來做雙盲測試，沒有明顯高於安慰劑的療效，就等於沒有療效。

那是什麼使得安慰劑那麼有效？

是相信！專心一致的相信。你想不想體會這種專心一致的力量？」

說明到這裡，如果來訪者有問題會在這個時候提出來，然後我才回答問題，如果沒有問題，我就直接開始跟來訪者玩催眠測試等遊戲。

催眠其實也有類似安慰劑效應的現象，我們稱為「催眠易感度」，它有一個數據，是不分流派的催眠師都認可的數字，雖然很少人說得出這個數據從哪裡來。它是依催眠的統計學累積得出的概率，有25%的人極為容易進入催眠狀態，然後另有25%的人極為不容易進入催眠狀態，在這兩類人中，又各有5%偏極端，剩下的50%就是一般的人，大致是呈現鐘型曲線的常態分配。

也常有人說，是不是意志力薄弱的人容易被催眠？你可以回答他：「容易被激勵的人也容易成功。」換句話說，容易成功的人也容易被催眠。

下一步催眠流程是：「**催眠前測試**」。

傳統催眠師的重要教訓是：「沒做催眠測試就讓來訪者上台的催眠

師是傻瓜。」因為要避免舞台上的尷尬冷場，催眠測試可以讓傳統催眠師找到最適合的受試者，讓他與你做出最精采的催眠秀。

準備測試前，你可以在邀請受試者時加入暗示：「催眠可以利用相信開發一個人的潛能，打破自己心理上的牢籠，實現自己的理想，甚至可以利用催眠為自己訂製一個美好未來。但是，有些人可以輕易的用催眠做到；有些人透過催眠師的引導，做點練習就可以做到；有些人可能要有更多的練習才能做到，不知道你是屬於哪一種人，有興趣知道嗎？」

練習催眠測試的目的，是為了讓催眠師能累積催眠實務與膽識，所以我一直要學員大量的做各式各樣的催眠測試。

大體來說，催眠測試具備了所有催眠要素，也是前面已提到的，利用解說的機會「預告催眠會發生什麼」，像執行催眠測試時，通常會說明「等一下，會發生什麼……」這就是「即將發生」。接著還會說「現在，感覺到你的……越來越……」這就是「正在發生」。最後在看見測試成果出現的時候，我們會說「你會發現你現在已經……」，而這則是「已經發生」。

但是測試不能牽涉到治療，就是只要純粹的技術練習。

我一直告訴催眠學員：「技術可以教，但是膽識沒辦法教，它必須透過大量的實踐才能得到。」

接下來，我用巢狀結構的方式分享一個故事：

有個我在中國訓練出來的第一位催眠講師，他近身跟了我三年，本來跟我一樣是很內向害羞的人，在幫他做了很多關於自信的示範後，他也一路從小團體來到可以帶六十個人的推廣課。

有一次我跟他說：「你已經很棒了，帶超過三十人的團體時，你可以試著在台上做腳沾黏的清醒催眠了。」但是他說自己辦不到，因為他害怕失敗。

在台上示範失敗是所有催眠講師的惡夢，儘管我們一直告訴別人「所有的催眠都是自我催眠」，但骨子裡我們一點也不是這樣想的，催眠能成功就覺得「我好棒」，一旦催眠失敗就覺得「我早就知道我是個魯蛇」，當然這不是「正信的催眠」。

有一次，我接手原本第一週由張權老師帶領的班級，因為課程已來到第二週，之前我沒帶過任何催眠測試，也不認識這班學員，只好徵詢志願者上台讓我示範「演練法」。

這時，有位比較頭腦型的夥伴舉手，聽說他上週遇到了挫折，我便決定讓他上台。

示範一開始還算順利，但是當我引導他手臂僵直的時候，他卻張開眼睛，轉頭對我說：「我的手好痠。」我觀察他絲毫沒有愧疚的樣子，清楚這對現場所有人來說是很好的機會教育。對這位夥伴來說更是重要機會，假如他是用這種狀態練習，我猜想他一定找不到練習的夥伴。

我放下他的手，轉身對大家說：「這是一個很好的機會教育，我想我們不該錯過，因為想演都演不出來。」

一般情況是，當催眠師引導催眠失敗的時候，被催眠者是會有愧疚感的。因為，當我們有了正式的邀請，而對方也願意上來示範，在催眠中，我們稱這是雙方的契約，雖然我們沒有說，但是當來訪者上台時，他會認為自己有個義務——要協助示範成功。

所以，多數來訪者在失敗的時候會出現愧疚感，這時催眠師可以利用那個愧疚感再進行一次催眠，通常成功率很高，同時還能維持現場良好的氛圍。

　　解釋說明後，我問台下學員：「我要各位注意看，你從他的表情完全看不出有任何愧疚感，這時候你千萬不要做第二次，當我們帶領失敗的時候，我們要怎麼做？」

　　回到同步，所以我像他一樣蹺起二郎腿，同步他的姿勢，然後問他：「剛剛發生了什麼？」

　　他笑了，我也笑了，所有人都笑了。

　　我對他說：「所有的催眠都是自我催眠，你的反應讓我推論你在上週過的很辛苦。」他點頭。

　　然後，我引用比喻：「如果我是他們，我也想要逃走，不要跟你做練習。上個世紀最了不起的舞台催眠師要他的觀眾回到童年，因為童年時期是你最能想像的，如果你想進入催眠狀態，你必須『假裝、想像、相信、進入另一個現實』，你看見男孩拿著筷子說：看我光劍的厲害；女孩則是拿起一張衛生紙，假裝那是新娘的頭紗，他進入他想像的時空，物質沒有改變，但是他的心得到快樂的自由，這不是很棒嗎？」

　　「這個催眠課叫做 NGH 催眠師授證班，我們要教會你如何做催眠，相信你們已經學會一部分。比較困難的是，所有催眠都是自我催眠，有些夥伴需要更多的安全感，以至於到現在還不能體會到催眠，我希望你能從假裝開始。『假裝、想像、相信、進入另一個現實』，同時也讓你的練習夥伴不會因為挫折而不想跟你練習。」

我回頭看舞台上的夥伴，我說：「我很開心你上台，讓所有人都得到一個很棒的經驗。現在覺得怎麼樣？」

他說：「覺得很開心。」

我說：「那太棒了！」

除非失去跟來訪者及環境的連結，我們不能辨識他們反應的意義，不能做出更多的驚奇時，才會出現結束，當事情結束了，我們停止嘗試，失敗才是失敗，否則失敗都是一種回饋，讓人知道有些地方做錯了，可以有修正的機會，所以說「沒有彈錯的音符」，每一個音符都是由後面的音符決定它的價值。

「發生就是恩典」不是口號，是身心的狀態。

明白了這層道裡，我對那位催眠講師說：「你可以不相信我，或者你可以不相信你自己；但是你是一個催眠師，不能不相信『催眠統計學』，多做幾次測試，最後挑選出你喜歡的對象，因為你喜歡的人，多半他們也會喜歡你，更願意配合你。」

一週後，他用微信告訴我，在一場六十人的催眠招生說明會中，他辦到了，也感覺自己進入另一個境界。

我告訴他：「你早就辦到了，只是你不相信。而這個成功將為你帶來更多成功，因為你是值得的。」

再一年後，他自己開課，有次我去客座，他告訴所有夥伴，我影響了他一生，他本來是內向害羞的人，因為我一路帶領他給他機會，讓他能圓了講師夢。他說：「阿德給我最大的幫助是……」

我豎起耳朵想知道是哪個技術這麼關鍵？

他說：「如果連阿德這個樣子都能做講師，那我一定也能辦到。」

是啊，像我這樣人都能做到，有誰不能！重要的是，通過扎實的學習與技巧訓練，並勤於催眠測試的鍛鍊，終有一天你會成為你想成為的。

更重要的是，催眠測試除了用在練習催眠技術外，主要功能是用來過濾催眠易感度的來訪者，因為催眠師都希望找出好的催眠受試者。不過，如果你只有一位志願者可以做催眠，這時催眠測試就會變成教育訓練功能，而不是過濾挑選對象了。

簡單來說，做好催眠的兩大要素正是「主動想像」與「限縮注意力」。

想想，去掉了放鬆跟閉上眼睛，催眠還剩下什麼？如果清醒的時候，催眠師也可以引導他做各式各樣的事情，那麼當中的催眠要素又是什麼？

一是「**限縮被催眠者的注意力**」也就是思考定勢，即催眠師要具備引導注意力的能力，把來訪者帶到我們要他注意的地方，進階說，就是催眠師把他內在的前提假設交給來訪者，讓他只注意催眠師要他注意的東西。

第二個很重要，是案主要能「**主動想像**」。

第一章我們有提到主動想像，這裡我再多一點說明。

看電影跟看小說是不一樣的，看小說可以天馬行空，每個讀者可以自己想像主角的樣子、人物的動作，這些需要透過讀者（來訪者）主動想像才會出現，所以不少小說改編成電影後總是有人覺得失望，因為電影沒有拍出他心中對小說世界的想像。反之，沒看過小說的人不會有這種的感覺，那是他們被動的接受了導演眼中的世界。

在催眠中也一樣，被催眠者有點像讀小說，必須依催眠師說話的內容去主動想像。如果被催眠者沒有主動想像，催眠師說得再精采，唯一被感動的人大概也只有催眠師自己。我們說所有的催眠都是自我催眠。因此，我們要鼓勵並訓練被催眠者主動想像，而且是在催眠之前就要確認來訪者可以配合催眠師的指示做主動想像。記得，這一切仍然是來訪者的主動想像，雖然是配合你的前提假設指示的關係，但來訪者仍然有選擇性的注意，然後才慢慢的進入不自覺的被控制的狀態。

以下有幾個測試例子，可以讓你體驗看看前提假設是如何限縮你的注意力。

測試一：

請你看看現在所處的空間，有幾件東西是紅色的？

可是現在我要問你：「剛剛你看見幾個橙色的東西？」

注意力是意識的聚焦，一般人只會注意到言語中的重點，例如「聚焦」這件事，我們強調的是「焦點」，魔術師跟催眠師則觀察現象也同時利用現象。

就「聚焦」這件事，當我們把注意力放在焦點時，對焦點以外的視野便會「視而不見」。當你聽到「紅色」的指令時，自然全心全意注意紅色而排除其他顏色，然而這是優勢同時也是劣勢，因為當我們要求你陳述有多少東西是橙色時，你憑記憶可以想起的不多，因為你剛剛確實「視而不見」。

簡單說，限縮注意力時可以利用人的天賦能力，特別是我們內建在潛意識裡適應趨勢的能力。

測試二：

圖形遊戲，一共三題

A
將這個直角等腰三角形分成
四等分，不是分成四份，是
要等分分成四個部分。

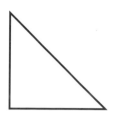

B
把三個一模一樣大小的正方
型，疊成像一個樓梯形，然
後分成一模一樣四等分。

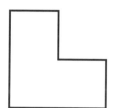

C
這是一個正方型，
請你把它分成五等
分。

以上提供的是一個體驗活動，建議做完練習再看答案。如果帶團體活動，C測試通常會計時，目的是給以壓力，通常一分鐘提醒一次，最後一分半再提醒一次。

解說：

測試完成後，請回顧過程，這期間你有沒有注意到，你的肌肉變的有點緊繃？是不是好像也開始喪失思考能力？這就是壓力出現了。我並不是在為難你，事實上壓力是你重要的朋友，適度的壓力會讓人想要改變，但是過度的壓力會使人喪失功能。

答案如下：

正方形分成五等分其實很簡單，但是為什麼有人會卡住想不出來？

因為這裡有一個「思考的定勢」，三角形的問題用三角形解，多邊

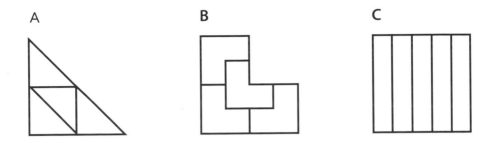

A　　　　　　B　　　　　　C

形用相同的多邊形解，順著 A 到 B 的遊戲下來，大腦學會其中規律，正方形一出現，人會先思考用正方型解，行不通了，就是三角形、多邊形，然後就困住了，因為走得太深而回不了頭，忘了要「簡單思考」，這是很重要的概念。

　　催眠是人生的縮影，回到生活，有時候當我們想不出解決問題的方法時，不是因為我知識太少、想太少，而是我們想得太多。

　　所以當你遇到一些朋友，他覺得自己遇到的情況根本無解，然後你跟他說「其實只要怎麼想就好」，但他卻回答：「我辦不到。」如同上面的圖形遊戲，不是解答簡不簡單，而是想得太深回不了頭，這就是思考的定勢。

　　這個遊戲讓我們也印證催眠的發生，以催眠測試裡最常做的「手指沾黏」來說，來訪者發現：「我的手黏住了，我是清醒的，這裡面一定發生了什麼，使得我的手黏住了。」於是他會開始思考這當中發生什麼，自己給了解釋，但這解釋可能是錯的。

　　這裡延伸出「信念」的觀念，信念不是單獨的事物，它是事物之間

的關係，我們說信念是 A ＝ B 或 A 導致 B 而產生的相信，依據這個相信，催眠師可以給更多暗示，或利用新的相信來鬆動舊的相信，這就是治療了。

事實上，我沒有辦法催眠任何人，除非他願意。

催眠師提供的是過程，更厲害的催眠師懂得用暗示來做誘導，就像圖形遊戲，雖然那裡面沒有催眠，但是我們被暗示了，導致失去自由意志的思考，不過我仍然要說：「**催眠的控制是假的，但是暗示的控制是真的。**」

催眠師通過一連串的暗示導致來訪者限縮注意力，在來訪者覺得自己有自由意志的幻覺下，做出催眠師要他做的主動想像，然後進入另一個現實，改變就發生了，這就是催眠。

再想一想，暗示是什麼？

請回想剛剛的圖形遊戲，「暗示就是我什麼都沒有明說」，可是在整個過程中，你已經接受了我的前提假設，當你接受我的前提假設，暗示就發生了。

帶一個催眠測試等同帶領一次催眠！催眠測試是要讓催眠師知道，被催眠者是不是擁有利用催眠幫助自己的能力的人，如果催眠測試失敗，問題是出在來訪者，這時我們可以問他：「你願不願意多做一點練習，來幫助自己能更好的利用催眠？」

注意整個的說法都在塑造一個前提假設，我很注重舖陳的重要性，用這種方式邀請被催眠對象，能創造合作式的催眠關係，讓來訪者更願意證明自己的催眠易感度是好的，如果不夠好，他也會願意配合做更多

的練習。

事實上，帶一次催眠測試等同練習一次催眠的內功心法，更重要的是催眠「測試」所隱含的意義——可以幫助催眠師解脫權威的禁錮。

如果是要帶活動，催眠測試的方法也有很多，以下我簡單分類並提供測試腳本及連結，各位可以邊看腳本邊觀看相關的示範影片。

首先登場的是傳統催眠測試，它使用的場合很廣，從個人到團體都很適用。

再來，是團體測試用的。然後是適合大型團體的測試，大團體測試的話，通常時間不會太長，因此得達到一開始就能震懾人心的作法，加上大團體人數夠多，也將有利於能選出易感度最好的5%的人上台來做示範。

可以用來解釋催眠的催眠測試

「望梅止渴」是大家熟悉的成語，有一個跟它相同原則的催眠測式叫「酸檸檬測試」，可以減緩來訪者被催眠的焦慮與不安，同時可以解釋催眠原本就是日常生活中的現象，這用在說明「什麼是催眠」也是很好的比喻。

前導部分你可以這樣跟來訪者說：「催眠是一個日常現象，好像我們聽過的望梅止渴的成語，想到梅子就流口水，有酸的感覺。你願意體會一下這種憑想像就能改變身心狀態的小遊戲嗎？」

A. 反覆的想就會成真的「酸檸檬測試」

運用口語的說明形容，與肢體表情來豐富聽眾的想像，像是看到、觸摸、聞到、切開檸檬的觸感，與檸檬汁滴進嘴巴裡的感覺。「酸檸檬」能測試對方的專注、想像與接受暗示的能力。

腳本：

「現在我請你慢慢的調整你的呼吸，慢慢的深呼吸，深深的吸氣，深深的吐氣，閉上你的眼睛，感覺很放鬆，很放鬆，非常的放鬆，非常好。

請你伸出你的左手，手心向上，把它放在你的胸前約30公分的地方，你稍微低頭就可以用你內在的眼睛看的非常清楚……想像在你的手上有一顆檸檬，是一顆非常好吃的檸檬，這顆檸檬確確實實的就在你的眼前，你做的很好。

看著這顆檸檬，它的色澤……亮度……飽滿……一顆好的檸檬表皮是這麼油亮……你甚至可以清楚的看見表皮上的氣孔……我要你想像你拿著一把水果刀，用你的另一隻手拿起這把刀，輕輕的將檸檬劃開……在往下切的時候，可以看見飽滿的水份從縫隙裡流出來，還有表皮噴出的細細的檸檬油……你甚至可以聞到那個檸檬的香氣……當你切開一片檸檬片，把它拿起來，透著光看……半透明的果肉……一粒一粒……飽滿多汁……檸檬汁沿著果皮滴下來……你把它拿到你的嘴巴前面……聞到檸檬的味道……

張開嘴巴……嚐上一口……酸……

現在，張開眼睛，回到這裡，我想問問你，檸檬在哪裡？」

你可以參考這個「無腳本」的練習，但是不必背誦，檸檬是日常熟

悉的東西，帶領催眠的時候，請用自己內在出現的想像圖像來帶領，並注意觀察來訪者現在在哪裡。如果執行催眠測式時你沒有出現內在幻象，沒有看見來訪者現在在哪裡，只專注讀參考腳本，那你只是個錄音機，不會是催眠師。

催眠師會有艾瑞克森催眠取向強調的恍惚狀態，這個狀態簡單說就是，催眠師不是在控制來訪者，而是跟來訪者一起共振。

催眠師可以透過這個「無腳本」來練習，我要再次強調「無腳本」，所謂的無腳本指的是相對「催眠腳本」的去腳本化。

B. 讓意識學會一件事，潛意識就會接手的「握筆測試」

準備兩支白板筆，對著來訪者說：

「我要你握住這兩支筆，把它們的底部互相頂住。等一下，我要你做兩件事，一件是用手握緊筆，另一件是將筆用力向內頂。很重要的一件事就是，你一旦握緊之後，除非我叫你放鬆你的手，你不可以放鬆握緊的手，可以嗎？

所以就握緊，向內頂。專注看著這個點……你越專注看著這個點（手指著兩筆中間），你就頂得越緊……越緊就越專注……對……更緊……更緊……更緊……往內頂……往內頂……對……專注看著這個點，你越專注就越往內頂，越頂就越專注……對……注意看著它，更緊……更緊……更緊……

等一下，我會試著請你把它分開，但你要注意你要握緊你的拳頭絕對不能放，你的拳頭絕對不能放，對……握緊……握緊……更緊……

等一下，當我數到3的時候，你會試著把筆分開，但是你會發現你做不到……繼續緊握你的手……1，繼續緊握你的手2……3，試著把筆分開，但是你會發現你做不到……試著把筆分開，但是你會發現你做不到……試著把筆分開，但是你會發現你做不到……你試了嗎……試了嗎……握緊……握緊……更緊……試著把你的手分開，但是你會發現你做不到，你現在可以讓自己放鬆下來了。」

在引領他專注看著兩筆中間點時，請注意來訪者是不是專注看著兩筆接觸的地方，雙手是不是因為用力而發抖，最重要的是，他是不是完全把注意力放在兩筆接觸點，而且忽略周圍的訊息。

如果來訪者繼續緊握著手，催眠師可以伸手去協助，慢慢把它分開，然後告訴來訪者：「你做的很好。」

對於這個測試我有些提醒，如果不是表演，而是私下一對一的練習，遇到來訪者可以分開筆，不要覺得挫折，就邀約他再做一次練習，你可以對他說：「我覺得你不夠專注，你可以更專注的接受我的引導嗎？」通常他們都會願意。

再做一次練習的意義是為了累積你的經驗值，如果失敗了，你再次注意他的眼神跟專注力，了解跟分不開的人的差別為何。反之，成功了，也一樣注意他的眼神跟專注力，看看他跟剛剛可以分開時的差別。

無論如何，如果我們已經取得來訪者的同意而進行催眠或測試，對來訪者而言，意味著他「同意配合做出演出」，而且「演出必須成功」。

如果來訪者做不出催眠師要的反應，可能就要考慮以下幾點：一是他不了解我們說話的意思，催眠師就要改善自己的表達方式；二是他可

能有覺得不安全的部分；三是他聽不懂中文。如果測試後有這三點情況，不管原因是什麼，絕對不要邀請這些人上台表演。

其他，還有「握筆測試接下壓法的瞬間催眠」，是較進階版的測試，如果你有興趣，一樣可以上 YouTube 搜尋「催眠 從傳統到街頭」觀看相關示範。

以上測試時間都很短，可能只有幾十秒鐘的時間，不過潛意識短時間內就能學會這些新把戲，因為「**意識只要認真學會一件事，潛意識就會接手**」。我們都知道潛意識很棒，不過也有點糟糕，就是因為它一旦學會了，就不太容易放手。

這些遊戲也彰顯了催眠的兩個面向，一個是為了控制，我們要做的很快，像「握緊筆」與「向內頂」，這本來是兩件事，但是潛意識為了省力，會把它當成「一件事」同時執行，所以不能單獨取消一個動作。

催眠治療則是相反的，我們要來訪者察覺所謂沒有選擇的情況，其實是有選擇的，就像「一件事」可以拆解成多個片段，我們也可以任選片段重組人生，而為了覺察「一件事」裡的組合片段，我們必須能夠放鬆下來，慢下來。

像有人小時候經常被父母毆打或施暴，被一面打時又聽見：「我就是愛你才會打你。」這可能會讓長大後的被施暴者，分不清楚暴力跟愛原來是不同的；如果我們能用催眠讓他放鬆、慢下來，並提供協助，重新觀看，他就能學會分辨兩者的不同。

一般來說，潛意識在自動駕駛後可以幫我們做很多事情，只是一旦學會了就不放手之後——這裡面也有個症狀了。症狀是指，早期有效的

的行為會持續不斷的做，即使時空改變了，環境改變了，你改變了，但是這行為卻沒有任何改變，於是，可能你在7歲時學會的行為，到了二十七歲還在做，甚至五十七歲還在做，這時就有可能變成症狀了，艾瑞克森說過「形成症狀的路徑跟催眠的路徑是一樣的」，便是這個意思。

傳統個人催眠測試

「手臂上升下降」是傳統催眠常用的測試，這是一個對個人或團體都可以做的測試，它強調的是主動想像，對來訪者而言，比較不會感到被控制。

以下「手臂上升下降」腳本：

我要邀請大家站起來，你的前面要有一個空間可以允許你伸直手臂而不會撞到人或東西。你先聽完我的解說再把手拿起來。等一下我要你把兩隻手像這樣往前舉，跟你的身體成90度（建議催眠師示範給來訪者看），右手握拳，大拇指往上做出一個表示很棒的手勢，你可以想像就像迪士尼的電影「天外奇蹟」裡可以帶著一棟房子飛起來的氣球那樣，想像把氣球綁在你的右手的大拇指上，想像有那麼多的氣球帶著你的右手往上，往上。（這時候催眠師要示範手往上升的動作給大家看）。左手掌朝上，想像我們會放很多很多很重的書在上面。然後你的左手就會感覺到很重……很重……（這時候催眠師要示範手往下垂的動作給大家看）

現在請你閉上眼睛，想像你的右手大拇指上綁著很多絲線，現在有二十顆氫氣球……（請在引導氣球想像的時候，使用輕柔的聲音）

三十顆氫氣球……

一百顆氫氣球……帶著你的手往上飛，你甚至於可以抬起頭看到，現在……一百五十顆……兩百顆……三百顆氫氣球帶著你的右手往上飛……

現在，我要你看到你的左手，看到手掌心放著很厚很重的書，很重……很重……壓著你的左手往下。（請在引導書的想像時，使用權威跟語尾加重音）很重……很重……看到你的右手，現在有五百顆，手飛得很高很高……

再看到右手，現在有十五本書了，很重……很重……（反覆帶領三次到四次）

固定住你的手，張開眼睛，看看你的兩隻手，你做的很棒。

「手臂上升下降」示範

https://youtu.be/pCYBwiZuG_U

為什麼一定要教、要做這個測試？

因為這可以分辨一個人喜歡哪一種方式的催眠引導，是權威式的，還是輕柔式的比較有用。書很重，代表權威式引導，氣球很輕代表輕柔式的引導。有的時候來訪者外在沒有什麼動作，但內在的想像卻非常豐富，所以我建議，不管他外在表現如何，都要詢問來訪者經歷到什麼。

另有「手指沾黏」（腳本詳見附錄2-2），它跟握筆測試一樣都是隱藏著人體機制的誘導法，是很容易成功的方法。有些理工男比催眠師更

具有操控的傾向，他們會閱讀很多這類的資料，所以，建議不跟理工男做這個測試。

我自己是理工男，有很長一段時間拒絕做這個測試，因為，我說服不了自己。後來我理解了「催眠就是用小的相信換更大的相信」，做什麼並不重要，符合來訪者的期待，配合他的期待創造另外一個現實，才是催眠師要做的。對日本的催眠師而言，這是他們進行催眠的起手式，所以要好好學會這個測試法。

這個測試可以閉眼也可以睜眼，閉眼對來訪者而言容易想像，對催眠師而言則是降低壓力。

我偏好使用睜眼的方式做，因為如果睜眼測試能做到手沾黏分不開，等於是清醒催眠，這就能從簡單的無壓力測試，發展到被來訪者賦能的控制，是一舉兩得的好練習。

如果你覺得我說的太難了，另外我提供高雄四維文教院催眠基礎課的版本（附錄2-3），記得所有的催眠都是自我催眠，只要來訪者願意，沒有什麼是做不到的。

在附錄2中還提供二個「雙手緊握」的練習腳本和一個瞬間催眠腳本（附錄2-6），「雙手緊握」中一個是閉眼的腳本（附錄2-4），我使用的是馬修‧史維的版本，這個版本常在舞台催眠使用，所以過程中會反覆強調「即將發生、正在發生、已經發生」的教育訓練。另一個版本是我偏好的睜眼版本（附錄2-5），因為我喜歡在催眠過程中看見對方的眼神，好確認他現在在哪裡。

「睜眼版本」是一個真實的清醒催眠，為了增進成功率，以及建立

來訪者真的會把手分開的預警訊號，我會在事前的教育訓練中做這樣的測試練習。

在來訪者做出動作後，困難度慢慢增加了，你注意到他的關節往前，而不是在平常容易轉動關節的地方，然後我們要在他握緊拳頭時，將肘關節向內鎖死，最後還要他專注在握緊拳頭的拇指關節上的一點，目的是為了讓他的整個身體都緊繃，當一個人全身緊繃的時候，他就會失去思考的能力，進入吉利根說的「神經肌肉鎖死」的狀態，這會增進成功率。

因為全身肌肉鎖死了，催眠師就能關注以下兩個訊息，以確認這個測試會不會成功：一是來訪者眼球固定不轉動；二是來訪者全身肌肉鎖死無放鬆狀態。

做這個測試要考慮來訪者的體力，所以說明結束，確認對方了解要做什麼也能做到後，要讓對方放鬆一下，動動身體再繼續。

這也是一個權威式的催眠測試，進行過程要快，催眠師語氣要沉穩而肯定，如果這個測試能成功，通常「架人橋」就一定可以成功。

最後提醒，催眠是一個循序漸進的過程，因此做雙手緊握前，請確認至少已經做了手指沾黏或手臂上升下降。

我在本書提供許多練習腳本，希望喜歡催眠的你能多多練習，慢慢累積你的信心，也期許大家，可以慢慢從唸腳本方式，盡快成長到可以與來訪者直接的互動。

適合團體測試

再也沒有比團體催眠更棒的練習機會了，催眠師應該積極爭取這樣的機會。

前面提到傳統催眠重視的是「催眠統計學」，在團體中才能彰顯這個數據，而超過三十個人的團體是傳統催眠師的天堂，只要幾個測試後，就可以邀請那些催眠易感度最棒的人上台，讓你好好練一下催眠。

在團體中做兩次催眠測試，等於讓所有人都做了教育訓練兩次，你又能從中挑選催眠易感性最好的來訪者上台，上台後你再繼續做兩次催眠測試的教育訓練，然後才開始做正式催眠，這時想失手都很困難。

A. 能放大潛意識訊息的「雪佛氏鐘擺」

傳統催眠師最大的痛苦是觀眾不多，而你又需要做表演。

記得九年前在上海發生一次慘痛經驗，當時的我還沒有這麼多經驗，主辦單位的行銷部安排了兩個催眠推廣活動，第一個是在健身房。

到了健身房，我才發現沒有白板、有桌椅，沒有擴音設備，連誰是這個活動的聯繫人都找不到，總之就是沒有人知道晚上有這個活動。我耐著性子勉強找來三張椅子，想說等等準備做「架人橋」，但是讓我害怕的是，聯繫上窗口後，我才知道只有六個人參加。

訊息突然，加上我在上海一直都是大型團體課程，因此根本沒有準備六個人的催眠表演流程，按照「催眠統計學」，六個人之中只會有一個到兩個比較容易被催眠。我心想，這要怎麼帶？

果不其然，做完測試，有兩個易感度比較好，但是他們因為害怕完全不敢上台，後來一位測試易感度最差的大哥，自己跑上來了，而我也只能硬著頭皮做了。

　　在雙手緊握測試時，我說：「試著把它分開，但是你會發現你做不到……」當下他就把緊握的手分開了，勉強找到另一位上台，同樣也手分開了，當時場面頓時結冰，連同陪我去的兩位工作同仁的臉也綠了。

　　所幸訓練成為催眠師的這一路，我實戰練習很久，就算失手也是催眠常常發生的現實，於是我拿出救場用的小道具「喜結良緣」，如右圖。

　　我冷靜的發給他們這個小道具，表面是在玩魔術道具，當中其實有著雙軌催眠暗示，也就是讓我從一個毫無可信度的失敗者，再度成為教導他們知識的老師，同時讓場子再回到熱絡。

　　在教導他們玩完魔術遊戲後，接著立刻教他們什麼是催眠的意念動力，這個魔術道具當即就變成雪佛氏鐘擺，當他們開始練習，而且擺動很有成果的時候，我取得易感度很好的小姑娘的信任跟親和感，她答應上台，最後示範也很成功。

　　另外，我也觀察到一位男士很有潛質，於是邀請他上台架了人橋，從本來的冷場絕地大反攻，六個人的團體炒熱起來了，最後那位輕易分開雙手的大哥，在活動結束後詢問我的課程訊息。

　　那是我一輩子都不會忘記的經驗，在這一次的表演裡，我學會不管

發生什麼都能接受了，不再自責，而是知道要如何盤點現狀跟資源，並立即想出對策。

第二次則是在一場酒促會，身為教催眠治療的催眠師，被當成娛樂性的舞台催眠師，實在覺得有點委屈，但是最終我還是把它當成挑戰。

這次我很清楚可能的狀況，於是帶上「喜結良緣」的道具前往。

在酒促會上，誰要聽大道理？

我就直接從玩魔術道具開始，先取得親和感，然後再玩催眠的遊戲，再一次讓魔術道具變成催眠的雪佛氏鐘擺。

在練習雪佛氏鐘擺的「意動」，他們看著別人的靈擺可以動而自己不能動，就有人問「為什麼」，這時我就能和他們說明什麼是催眠跟潛意識。

練習一陣子後也找到了一個易感度高的夥伴上台，便先跟她做了擺垂的同步與帶領，當我帶著她，要她把擺垂左右移動，她就左右移動，要她前後移動，她就前後移動，轉圈圈，她就轉圈圈，就這樣我說服了所有人以下幾個重點：一催眠是存在的，她能被催眠；二我能做催眠；三我能帶領她進入催眠。

接著，我做了雙手緊握測試，最後還表演了一個架人橋，在活動結束後，我證明了我是一個能屈能伸的催眠師。

「喜結良緣」的雪佛氏鐘擺示範
https://youtu.be/2e8c5t7Fa4Y

B. 能說明催眠如何幫助你開發潛能的「轉身測試遊戲」

這是可以說明催眠如何幫助你開發潛能的好遊戲，作法非常簡單。記得，幽默跟好玩是催眠師在帶這個練習最重要的要素，如果太嚴肅整體效果不會太好。以下為腳本：

「請大家起立，找一個適當的位置，打開雙腳與肩同寬，你的腳在遊戲結束之前都不可以再移動了。請你把右手舉起來，食指的指尖指向前，然後請你上半身向右轉，眼睛順著指尖往前看，繼續轉，轉到你的極限為止。（詢問觀眾）這是你的極限了嗎？如果不是，請你繼續轉到極限。

這是你的極限了嗎？如果是，記住你手指現在指在哪一點，這是你轉身的極限。

很好，現在可以轉回來了。休息一下，但是請維持雙腳不要動。

事實上，催眠可以幫助你突破你的極限。

現在請閉上眼睛想到一個你小時候喜歡的卡通人物，我不知道你以前看到的卡通是怎樣的卡通？不管是海賊王的魯夫，還是迪士尼的唐老鴨，請你閉著眼睛想到你喜歡的一個卡通人物。如果你想不到一個卡通人物，也許你可以想到米其林輪胎的輪胎人，肚子上有很多一圈一圈，但是很有彈性。

現在請你想像你變成那個卡通人物，你不再是真實世界的你了，你成為那個卡通人物，所以你就有更多更寬廣的想像，想像你在轉身，只要在腦海裡想像，身體不用真的轉，你只要有那種轉的感覺就可以了。

想像你成為的這個卡通人物在轉身，你很快轉到剛剛的極限，你想

著我現在是打不死又有彈性的卡通人物了，也許，我可以試試看挑戰這個極限，沒想到就這樣輕易轉過去了，而且竟然還可以再轉……就這樣轉了一圈，這好好玩，讓自己出來好好玩，你可以看著你的肚子，每轉一圈肚子那裡就多了一道痕跡……繼續轉……繼續轉……一圈、二圈……一直轉……一直轉了好幾圈，就像橡皮圈一樣有彈性，腰部好柔軟，好好玩，好好玩……你低頭看著那個跟橡皮筋一樣轉了幾圈的肚子，準備好，當我一放鬆我的身體，我就Vu～～（催眠師要模仿氣球飛走時，風從嘴發出的震動聲）轉回來。

睜開眼睛，現在，我要你再次用右手向前指，再次讓身體開始轉……試著盡力轉到你身體的極限，很好。（當催眠師看到所有人都已經停止轉動）現在可以轉回來了，我想問大家跟剛才的位置比較，有沒有不一樣？」

這個遊戲充分說明我們的限制是自己給的，比方「我們不能走得比我們的想像更遠」，也就是說除非你想像得到，不然你就做不到，這就是自己給的限制。

關於想像，有什麼可以做的比催眠更好？

催眠可以用來做生命彩排、運動等各種技能的想像練習、溝通預演、新技能的內在演練，催眠可以激發你的潛能，就像本來說那是你的極限了，可是你會發現，換了一個想像的練習，你就突破了極限。

適用於三十人以上團體使用的大型團體表演測試

早期配合主辦單位做推廣課時，參與人數常常動輒上百人，最大的

一場更號稱來了兩百多人，雖然每一場都有二～三個小時，但是我也清楚看熱鬧的人多，如果不能在最短的時間秀出可以震撼人心的催眠表演，根本壓不住場子。

記得當年下了飛機，是主辦單位的總經理、業務總監Frank跟曹老師來接我，他們看我溫和又內向，顯然也不健談，在吃完飯後就毫不掩飾他們的擔心，直接提議到房間先聽聽我明天要怎麼帶催眠推廣課。

在他們聽完之後，給我很多「不行」的反饋，同樣的我也說了幾個「不行」。

他們離開後，我心想真的有文化上的差異啊，雖然早有考慮到，但是真的沒想到他們表達這麼直接，如果連主辦單位都這麼直接，那來參與課程的人一定更直接了，我也曾聽說過有學員在第一節下課就要求退費的事。

心想一定不能讓這種事發生，當晚我決定改寫整個課程，覺得可以躺下休息了，卻仍在心裡不斷預演各種情況到無法入眠，索性起身再改一次劇本，直到凌晨3：30才入睡。

新劇本充分運用催眠的雙重溝通，也就是前面「健身房」活動中提到的雙重溝通例子，即表面我是在說某件事，但是底層有另一個潛意識的溝通在進行，我最後決定，用艾爾曼的眼皮測試來做為團體測試，因為把它舖排成一場表演會很具震撼力，還能借此說明什麼是「催眠統計學」，同時我又可以順利找到團體裡催眠易感性最好的來訪者。

以下我舉一個「眼皮測試」腳本簡單說明：

深呼吸，吐氣時候閉上眼睛告訴自己放鬆下來，每一次吐氣的時

候，都跟自己說放鬆很好，你做的很好，現在，你自然的呼吸就好了，用你自己的韻律呼吸，只要在每次吐氣的時候跟自己說放鬆……你要做三次，然後，讓自己完全的放鬆下來……很好……

現在，我要你把注意力放到你的眼球上面，感受你的眼球在眼窩裡面，很濕潤、很溫暖、很放鬆……讓你的眼球完完全全的放鬆下來……把眼球的放鬆傳遞到你的眼皮，讓眼皮完全的放鬆下來……讓眼皮四周圍的肌肉也完全的……放鬆下來……對……你做的很好……持續放鬆你的眼皮……一直放鬆到它再也張不開……那樣的放鬆……你怎麼知道你的眼皮再也張不開了呢，你可以輕輕的試著睜開你的眼皮，如果你可以睜開，那表示你還沒有放鬆到再也張不開眼皮那樣的放鬆，閉上眼睛……繼續放鬆你的眼皮……一直放鬆到它再也張不開……那樣的放鬆。而當你確定你的眼皮再也張不開的時候……現在……試著睜開你的眼皮，但是你會發現辦不到，試著睜開你的眼皮，但是你會發現，你辦不到……

到這裡，你可以邀請眼皮睜不開的人舉手，並請這些人站起來，眼皮測試在上百人的會場，催眠師不太可能會看到哪些人睜不開的，但是如果你直接請他們站起來，很可能他們不會站起來，相較舉手就容易多了，所以先舉手再邀請他們站起來，這時我要恭喜你，你找到了上台示範的好對象。

另有一個「OK測試腳本」（附錄2-7），也是手指沾黏的測試。但為了區隔前面的手指沾黏，我們稱它為OK測試，它跟眼皮測試一樣適合大型會場使用。

跟眼皮睜不開測試一樣，OK測試時，我會注意那些站起來，且手指還分不開的人，他們優於一站起來就把手指分開的人，如果他站起來後，又能聽從催眠師指令才分開，還伴隨眼神的恍惚，那這就是催眠易感性的絕佳人選。

催眠結構流程的最後一項是「正式催眠」

「正式催眠」包含幾個步驟：一催眠誘導，二深化，三植入暗示，最後是喚醒。

首先，「**催眠誘導**」的目的是為了使來訪者相信並進入催眠狀態，多年的催眠經驗，我覺得誘導更像是一個儀式，催眠關鍵其實是讓來訪者產生被催眠的預期心態，再以深化法逐步用小的相信換更大的相信，乃至利用相信再植入暗示。

引用艾爾曼的說法：「多年來教催眠，我發現很多人似乎認為在經過一些課堂練習之後，他們可以成為專家級催眠師，但是根本沒有催眠師這樣的東西，所以那根本是不可能的。作為催眠師使用這種工具，你所能做的是，讓催眠對象如何跨越從正常的清醒狀態或睡眠狀態，轉到那種被稱為催眠的特殊狀態的障礙，你不用催眠他們，他們會催眠自己，這意味著我們所使用暗示的人，都不會對任何主題有『權力』，這意味著在催眠中的你（指來訪者）不學著做點什麼，我就沒有什麼可以做的。」

他說的來訪者是要學著做什麼呢？

他們需要學著在心裡帶著「我即將（就要）進入催眠狀態」的前提

假設，假如來訪者帶著這樣的前提假設，無論催眠師使用哪一種方法，都可以誘導來訪者進入催眠狀態。

一如前面我們在催眠歷史看到的例子，磁化一棵樹，牧羊人摸到以為被磁化的樹，就進入了催眠狀態。在麥斯麥的年代進入催眠是痙攣倒地的情況，有時還伴隨身體抽搐，這跟現代的催眠是完全不同的。

那時是什麼在起作用？

一切也是來訪者的「前提假設」：會痙攣倒地、會身體抽搐。

在艾瑞克森基金會的催眠課程，會刻意教導學員一個催眠練習，叫做帶有前提假設的催眠，透過這個練習讓學習者理解：「催眠之所以發生，是因為被催眠者自己想要，而不是催眠師控制。」

被催眠者要帶著「我就要放鬆了」的前提假設，催眠者看著對方，同步他的呼吸，並觀察他，只要被催眠者更放鬆了，就可以發出一個跟指令無關的聲音，我比較常做的是要求催眠師說三個短句：「對，很好，你做的很好。」只要被催眠對象顯得更放鬆，催眠師就可以配合對方在吐氣的時候說一個短句。

比方正在看這本書的你，現在也可以練習看看，做個深呼吸，吐氣的時候讓自己放鬆下來，然後自然的呼吸就好了，以下請邊看邊試，你可以看著書，同時告訴自己：我可以邊看書邊放鬆……繼續看著書……配合你的呼吸，看著書的文字……每一次只讀一小段句子……每一次吐氣的時候都跟自己說：更放鬆……（帶著「我就要進入催眠」的前提假設）……吐氣的時候跟自己說：「對」……吸氣，下一個吐氣，「很好」……吸氣，吐氣的時候，「我做的很好」……（重複以下歷程）……

「對」……「很好」……「做的很好」……「對」……「很好」……「做的很好」……

現在覺得如何？不說放鬆也能使自己放鬆，對嗎？

了解催眠誘導是建立在來訪者的前提假設後，你就再也不會被各種花式的誘導法迷惑了。誘導法可以像剛剛那麼柔和，也可以像瞬間催眠那麼激烈，每個催眠師都有自己喜歡跟相信的誘導法，但對我來說，跟來訪者建立前提假設比催眠誘導要重要多了。再來，我以「**艾爾曼誘導法**」步驟來慢慢解說：

「誘導法」示範

https://youtu.be/DFoBoACWIIs

---

① 閉上眼睛（放鬆誘導）

深吸一口氣，Hold 住。（當你說「深呼吸」的時候，如果對方閉上了眼睛，請停止導入並重新啟動，當你說出來時，來訪者需要按照你所說的去做）

當你吐氣的時候，讓眼睛閉上（當來訪者的眼睛閉上時，你的手開始從眼睛撫下到下巴的下面），釋放你身體的壓力。讓你的身體盡可能放鬆。

② 眼皮測試（合併深化，確認催眠已經發生）

現在把你的意識放在你的眼皮上，放鬆眼睛周圍的肌肉，直到它再也張不開。當你確定自己已經放鬆到眼皮再也張不開，保持這種放鬆，

輕輕地試著打開,確定它們再也張不開。

③ 睜眼閉眼(透過睜眼閉眼達到深化目的)

現在,你眼皮的這種放鬆跟我希望你在整個身體中擁有的放鬆的質量是一樣的。所以,讓這個放鬆從你的頭頂流過你的整個身體,一直到你的腳趾。

(當他們做下一步時,尋找來訪者變得更放鬆的跡象。每次你告訴當事人閉上眼睛時,把兩根手指從臉前方向下滑,從前額向下移動到下巴。)

現在我們可以進一步加深這種放鬆。

一會兒我要你打開眼睛,再閉上你的眼睛。當你閉上你的眼睛時,那是讓你放鬆的感覺變成十倍的信號。所有你需要做的就是想讓它發生,而且你可以很容易地做到這一點。好,現在,睜開你的眼睛。現在閉上你的眼睛,並感覺放鬆在你的整個身體流動,讓你更深入。用你的想像力流動,想像你的整個身體被覆蓋,像用溫暖的毯子包裹起來。

(再次睜眼、閉眼)

現在我們可以更加深化這種放鬆。一會兒,我會要你打開眼睛,你現在放鬆一下。使它成為兩倍的深度。再一次,睜開你的眼睛。閉上你的眼睛(通過手指),加倍放鬆……好。讓你身體的每一塊肌肉變得如此輕鬆,只要你維持這種放鬆的感覺,感覺你身體的每一塊肌肉都是完全放鬆的。

(這裡是用倍數來加深來訪者的恍惚程度,重複開眼和閉眼的動作,直到他看起來好像快要從椅子上掉下來一樣)

一會兒我會再打開你的眼睛，閉上你的眼睛。再次，當你閉上你的雙眼，放鬆到你現在的雙倍，使它深一倍，再次睜開你的眼睛……閉上眼睛，加倍放鬆……好。讓你身體的每一塊肌肉變得如此輕鬆，只要你堅持這種放鬆的質量，你身體的每一塊肌肉都是完全放鬆的。

④ **透過身體墜落創造深化的「手墜落」，又稱「溼抹布法」**

一會兒，我要抬起你（左手或右手）的手腕，然後讓它掉下。如果你已經遵循了我的指示，那麼這隻手就會如此放鬆，就像濕抹布一樣鬆軟，它會簡單地掉下來。

現在，不要試圖幫助我……你必須消除這種想法，讓我做所有的事情，這樣，當我放開你的手，它就會掉下去，你會讓自己變得掉得更深。（舉手）現在，當你的手掉到你的腿，它會讓你的整個身體掉到更深的放鬆。

現在，這是完全的身體放鬆。我想讓你知道一個人可以放鬆的兩種方式。你可以放鬆你的身體，你可以放鬆你的心智。你已經證明你可以放鬆身體，現在讓我告訴你如何放鬆你的心智。

⑤ **遺忘數字（放掉意識，就會停止數數）**

一會兒，我會要求你從100開始慢慢倒數，這是心智放鬆的秘密。隨著每數一個數字，你的心就會加倍的放鬆，讓你的心靈放鬆兩倍。

現在如果你這樣做，在數到98的時候，也許更早的時候，你會放鬆到再也不想數任何數字那樣的放鬆，你會放掉所有數字，而且不會有更多的數字出現。

現在，你必須這樣做；因為，我不能替你做。

這些號碼將會不見，你會放鬆你的意識，讓數字消失不見。現在從這個想法開始，你將會做出這個事情，你可以很容易地讓它們從你的頭腦中解放消失不見。你要它發生，它就會發生，讓它發生。

現在說第一個數字，100，讓你的意識兩倍的放鬆，更加放鬆。（來訪者說出 100 數字）現在兩倍的放鬆，讓這些數字開始消失。99（等待來訪者說 99）兩倍的放鬆。（等待來訪者說數字）加倍放鬆你的意識。讓這些數字消失不見。它們會不見，如果你讓它們離開。（等待來訪者說 98）更深的放鬆，現在它們消失了，驅散它們，放逐它們……做到這一點……你可以做到，我不能為你做……把它們放出來，他們都消失不見了嗎？

（通常 98 這個數字會消失，我從來沒有一個來訪者超過 96。你可以選擇是否通過提醒號碼來提示來訪者）

⑥ 植入暗示

（如果你沒有跟來訪者約定好要植入什麼暗示或治療腳本，以下我提供催眠師庫埃的經典暗示）

每一天，在每一方面，我都越來越好。（唸 3 遍）

你會在每天早上剛醒的時候，對自己唸 10 遍：「每一天，在每一方面，我都越來越好。」同時，在每天晚上要睡的時候，對自己唸 10 遍：「每一天，在每一方面，我都越來越好。」

⑦ 讓來訪者離開恍惚狀態

當你準備好，就可以讓自己做幾個深長的呼吸，慢慢清醒過來。

艾爾曼快速催眠誘導法是一個非常經典且必學的誘導法，能將艾爾

曼誘導法學習起來，就等同一次學會傳統催眠的架構，完全不會再遺忘。

如果你是新手，對艾爾曼這樣高強度、高自信的誘導法缺乏自信，你可以使用「漸進式」、「自律訓練」作為誘導。如果覺得一定要用瞬間催眠的方法才夠炫，我們在後面的章節也會提到，我也會在YouTube上提供參考視頻。

其他還有「凝視法」（詳見附錄2-8），它是傳統的催眠誘導法，告訴對象將視線注視著某一固定的物體，不要轉移眼光，催眠執行師是觀察對象的反應來加強誘導，並且將暗示與這些反應緊密的結合在一起，例如「偶而，它們也會眨動」，這可以在對象顯現眼睛眨動之後，立刻提出。

「正式催眠」第二與第三步驟，分別為「**深化法**」與「**暗示**」。

當我們誘導對方閉上眼睛後，要做的就是帶領來訪者深化到更深的催眠狀態中，因為傳統催眠相信「直接暗示」，而直接暗示需要催眠深度才會有效。我前面已經說過，真正構成催眠的效度是來訪者的前提假設以及進入的催眠深度，讓他相信潛意識已經為他做好改變。

以下是常用的深化技術，我自己現在則以艾爾曼的方法為主。

「深化法」方式很多，一般常用的是「數數」，變化方式有「樓梯法」（詳見附錄2-9）、「日曆法」（詳見附錄2-10）及「手墜落法」（詳見附錄2-11）等。

下面是「**數數法**」腳本，帶領時，你可以往回或往上數數，重點是暗示被催眠對象，當你由5往回數到1（或10到1），每一個數目字都會讓他進入更深的催眠狀態裡。

5……隨著每一個數字，你正在進入更深，放鬆的更完全……

4……更深……更深……放鬆的進入催眠……

3……更深……更深……每一個數字進入更深……

2……更深……更深……進入愉快的催眠放鬆裡……

1……完全的進入……進入……一直進入……更深更深的放鬆……

催眠深度的分類前面有大概提到，這裡我再多一點補充解說，依史坦福量表是分為十二級別，舞台催眠有分四級也有五級的，身為NGH催眠授證講師的我，自然採用NGH訓練教材的分類，NGH的催眠過程共分六級深度：

一級深度：很輕微，被催眠者不會感覺被催眠，覺得完全清醒，簡單的肌肉放鬆──眼皮沈重，在此階段可做減輕體重、戒煙等工作。

二級深度：更加放鬆，淺睡，可以操控被催眠者的較大肌肉，如手臂僵直。

三級深度：可以完全控制所有的肌肉系統。例如：無法從椅子上站起來，無法走路，無法說出一個數字；局部止痛，舞台催眠師選擇催眠對象至少要達三級以上。而臨床催眠治療師的工作範圍，大都在這前三級內。

四級深度：開始有失憶現象，被催眠者確實忘記數字、名字、地址等；手掌止痛──不覺得疼痛，只感覺到觸摸；能做牙科工作等小手術。

五級深度：開始夢遊狀態（Somnambulism）完全麻醉，不覺得疼痛，也不覺得被觸摸，有正向幻覺，可以看到不存在的東西。

六級深度：深度夢遊狀態，有負向幻覺，看不見、聽不見確實存在

的事物或聲音。

一般來說，催眠深度測驗只用於特殊工作目的時，如：牙科止痛、手術麻醉、無痛分娩，及年齡回溯。

在催眠治療裡，催眠師則運用於改變行為，如：戒煙、減肥、抒解壓力以及心理治療，都可以在輕度催眠下達成。做催眠深度測驗時，由淺到深，一級一級測試，遇到測試失敗則停止，不要試圖測試下一級。

建議執行的催眠深度測試，漸次為：一級「眼皮睜不開」；二級「手臂僵直」；三級「遺漏數字」；四級「手掌止痛」；五級「正向幻覺」；六級「負向幻覺」。

「正式催眠」的最後步驟為「**喚醒**」。

告訴對象你準備要喚醒他了，權威式的告訴他在各方面都會感覺到很好，敘述時，你要從1數到5，當你說5的時候他將會完全地清醒，在每一方面感覺到很好，甚至要比催眠前都要更好，然後說：「1……2，3……4……5……醒過來！你完全的醒過來了！」調高聲量，並輕拍手或是彈你的手指來強調你的指令。

絕對不要拍對象的臉來喚醒他，避免突然地喚醒來訪者；最好事先誘導預告，然後藉著數數漸漸地帶他出來，在喚醒時，可給予健康及一般狀況很好的暗示，否則來訪者若是突然被喚醒，可能會經驗到頭痛、眼睛疲勞或其他的不適。

過快的喚醒對方偶爾會發生頭痛不適，這時催眠師也不用驚慌，最常被採用的作法是，告訴來訪者可以再次閉上眼睛，再次進入催眠狀態中，繼續回到放鬆裡，然後使用我認為對初學者而言，最有效而且容易

運用的方法：「等一下你就會甦醒回來，用你自己的時間跟速度回來，當你準備好，你就可以做兩三個深長的呼吸，動動身體，慢慢的張開你的眼睛回到這裡來。」

最後我以「演練法」（rehearsal）來讓你們了解，傳統催眠結構的完整流程，並且認識「演練法」的催眠方法。腳本是從測試演練開始，在慢慢轉入正式催眠前，演練的次數要視來訪者的狀態而定，催眠師可以自己決定何時開始正式催眠。

一開始，讓受訪者睜著眼睛，催眠師抓住他的手，拉高到肩膀的高度，撐著他的手慢慢往下，想像放鬆的時候手慢慢往下掉，反覆幾次，直到你準備正式轉入催眠。

正式腳本如下：

一開始不要閉上眼睛。你準備好放鬆了嗎？

等一下我們會帶你進入一個放鬆的模式，我會動到你的右手（或左手），可以嗎？

我會把你的右手拉起來（留意來訪者的手不要舉的太高了，要在肩膀附近），等一下會需要你自己支撐你的右手，現在還不用，然後你的右手慢慢往下放，越往下放越放鬆，只有放鬆的時候才能往下放。

你能感受到放鬆嗎？（建立連接）

再來一次，這次能做的更好，你看著這隻手往下掉，感受身體的其他部分也越來越放鬆，更放鬆，你身體的其他部分都越來越放鬆。那麼，其他身體部分可以放鬆嗎？

我們再做一次好不好 ？

越來越放鬆，越來越放鬆……這隻手接觸你的大腿的時候，你好像有種鬆了一口氣的感覺。

這次我先舉起你的手，同時你也可以閉上眼睛，很好，你自己支撐手的重量。

放鬆了，隨著這隻手往下掉，你會有一種渴望，全身的肌肉都放鬆了……有一種渴望鬆一口氣的感覺，讓全身的肌肉完全的放鬆下來，你就快要到了……就快要可以完全的放鬆了，可以讓它完全放鬆，可以讓它掉下去，你現在已經很放鬆了，其實你還可以更放鬆，現在放鬆你的意識……（最後，也可以簡單的帶年齡回溯，想想童年時候開心的事情）

演練法（上）示範
https://youtu.be/4mf2jIgW9SU

演練法（下）示範
https://youtu.be/xGY6P_4LuU4

練習這個腳本時，有幾點要注意，一是，催眠師要照顧好來訪者，手肘要朝下，免得造成對方肩膀疼痛。

二是，帶領時請來訪者專注看著手，然後要他也感覺手部之外的身體其它部位，這會讓他同時在關注與解離狀態中。

如果帶領時，來訪者的手沒有支撐固定住，可以用另一隻手托著對

方的手肘，還是不行的話，請順著案主，可以用墜落法直接帶入濕抹布狀態或年齡回溯。

帶演練法時有以下幾個技巧：

• 教育訓練時也可以觀察來訪者，是否在你的引導下越來越放鬆。

• 可以在來訪者呼氣瞬間加重讀音，迅速地再降低聲音以形成語音的墜落感。

• 可以說「你可以讓自己的手沉得更低，也可以讓自己更放鬆」這樣的雙重束縛句。

• 手一定要落在大腿上。

• 回溯時速度稍微慢一點。

• 看到來訪者笑了，說明情感真正的出來。

• 引導詞儘量模糊而清晰，換個方式說，也就是要用「技巧性含糊」的引導詞。

運用演練法做療癒時，在來訪者的手慢慢往下，來到放鬆時，我會輕碰他的左手，然後邀請他想像某件事，讓他回想、感受那時的情緒，這個時候我會邀請他再把手抬高，引導詞會是：「等一下我會碰到你的左手，邀請你回想事件裡的情緒，然後你的手就會慢慢往上，你對事件也會回想的越清楚，你的情緒有多少，你的手就會舉多高。所以如果0是沒有，10是最高，你的手會舉多高？」

等來訪者的手停下來時，你再問他：「這個高度你會給幾分？」

當分數給出時，就是來訪者對這事件情緒的強度，這時你可以做一點測試，比方問他手能不能再讓它抬高一點，如果可以，再問他是否情

緒又多了一點，如果是，你也能從中觀察來訪者現在的情況。

接下來，請他繼續想著那個事件，但是請他：「慢慢讓這隻手放下。」也同時要他觀察自己情緒感覺有沒有發生什麼變化。

如果，整個過程的連結是成功的，那麼手放下的同時，來訪者對事件的情緒就會下降，這也就做到一點療癒的效果了。

舞台催眠表演架人橋

「架人橋」是一個催眠師練膽子的訓練，而且這活動能帶來很好的舞台效果。

不過我也要提醒，架人橋有一定的危險，請勿在沒有任何老師指導的情況下嘗試，在網路上也有很多相關分享影片，你們可以先找尋相關影片了解。但是，如果你真的很感興趣，再次提醒，請務必找專業的催眠師學習，當然想找我學習也可以。

「架人橋」示範。不公開影片，須有正確連結才能觀看。
https://youtu.be/_m1WwvgIppU

▶ 艾瑞克森取向的催眠

不需要做催眠表演的時候，我是艾瑞克森學派的信徒，不是因為艾瑞克森學派在技術跟手法上都優於其他催眠，而是，雖然我只教授專業

人士催眠並不做個案治療，但是對於涉及來訪者心理的健康時，艾瑞克森學派的人本取向思惟始終是我信守的。

除了艾瑞克森本人外，出身該學派的催眠師沒有人在做催眠的表演。儘管艾瑞克森自己做很多花俏又有心機的催眠手法，但是多數以艾瑞克森催眠治療取向的治療師，手法平實，會用很多暗示手法，及比較隱晦的方式來向來訪者證明催眠已經發生，比方：「我不知道，你有沒有注意到你呼吸的改變？」

他們會利用來訪者進入催眠現象的證明，做合併深化並進一步做暗示，例如：「不知道當你的呼吸跟心跳都變得更緩慢的同時，會不會讓你變得平靜、穩定，而更能聽見我對你說的話。」

這些拗口的疑問句究竟在做些什麼，除非理解傳統催眠的結構與原理，一般大概只能知其然而不知其所以然。

艾瑞克森自己也是學了傳統催眠後，才意識到因為小兒麻痺臥床的漫長復健路，是他靠自己從心理層面重建了自己，他透過想像突破了癱瘓的身體，重新喚醒肌肉運作的過程，這就是催眠真正的奧義。

他認為傳統催眠可以再突破，他稱自己的催眠是「自然催眠」，因為他認為催眠現象是一種自然的現象。

如果讀過艾瑞克森的故事，可以看出他是一個相信自己，並且是個叛逆又勇於挑戰權威的人。他認為自己的自然催眠比起當時傳統的心理治療更有療效，因此他冒著醫師執照被撤銷的危險，堅持到處推廣催眠治療，然而在那個佛洛伊德精神分析理論當道年代，心理治療領域多數認為用催眠的方法是無效的，因此他到處推廣時，都會出現意圖踢館的

專業人士。

即使到了今天，艾瑞克森的催眠技術吸引許多傳統催眠師以及心理治療學院派的專業人士學習，但是他們很多只學技術而未學他的治療精神，尤其學院派，有些只披一件艾瑞克森的外衣，骨子裡卻是精神分析的信徒，殊不知兩者幾乎是衝突而不相容的。

如今，艾瑞克森學派已是權威，再也不需要證明什麼，堅持在這一條路的人注意力全放在弘揚艾瑞克森治療的精神，在技術上演繹過去艾瑞克森所留下來的，就某方面而言，艾瑞克森真的成為一座難以超越的大山。因此後人雖有創新，仍較難引人注目，不然也得附會在艾瑞克森身上才比較能被看見。

艾瑞克森催眠治療取向是以治療為主，因此也要先從心理治療取向出發的心法來談起。

艾瑞克森模式催眠與傳統催眠真正的差異

艾瑞克森模式催眠有這幾個要素：**允許、肯定、觀察、運用。**

「允許、肯定、觀察、運用」是比爾‧歐漢隆就艾瑞克森催眠模式所解讀出的要素，這幾點也是艾瑞克森的催眠有別於傳統催眠的原因。

對許多傳統催眠的學習者而言，他們眼中的艾瑞克森，不過是用「迂迴、緩慢、複雜」的語言技巧來取得受催眠者合作的方法，所以曾有華人催眠師就聲稱：「艾瑞克森模式翻成中文就沒有用了。」這個說法的意思，好像除了語言模式，艾瑞克森模式催眠就一無所取。

然而，從事艾瑞克森模式治療取向教學的美籍王輔天神父卻告訴

我們，儘管艾瑞克森的部分語言模式無法轉為中文使用，可是艾瑞克森模式催眠不只有這些。

不管傳統催眠或艾瑞克森模式催眠，對我而言這兩種催眠各有擅長。

由於傳統催眠大家較熟悉，所以我想多談談艾瑞克森模式催眠，但可能也無法全面性的說明，在此就我所認識的「允許、肯定、觀察、運用」來簡單解說。

一般提到艾瑞克森模式催眠，有些傳統催眠書會稱之為「合作式」催眠，以有別於傳統催眠的權威式催眠，事實上艾瑞克森模式催眠絕不只是合作，合作是外人所見的表象。

傳統催眠講究的是權威與鋪陳，會設計各種技巧以取得被催眠者的相信與催眠深化，傳統催眠也有迂迴繞過受催眠者的觀點，但最後都不可避免的進入施壓，好能快速取得被催眠者的配合，為了能施壓、快速，權威的形塑就非常重要了，而既然訴諸權威，不可避免就會陷入被催眠者在反抗或聽話的掙扎現象。

反觀艾瑞克森，他也很權威，卻不跟來訪者正面衝突，在他眼中，症狀是潛意識做出的有智慧舉動，所以催眠師要做的是「允許」來訪者繼續做他的症狀，不只承認症狀，還要「肯定」來訪者的症狀，並要求好好「觀察」這個症狀，然後想一想怎麼「運用」這個症狀。簡單說，艾瑞克森不去說服對方，而是運用來訪者的相信，讓他因著這個相信改變行為，改變視角，改變他的環境，當來訪者做出改變的同時他自己就會有新的相信。

這裡分享艾瑞克森的一個治療故事：

有個精神病患聲稱自己是耶穌，這讓其他醫師都束手無策。

一天艾瑞克森在醫院庭園散步，巧遇了這位病患，他對這位病患說：「聽說你是耶穌？」

病患說：「是的，孩子，有什麼是我可以幫助你的？」

剛好醫院正在整修視聽室，於是艾瑞克森就跟他說：「你是一個很會幫助人的人，對不對？」

「是。」這是患者唯一的解答，因為他是耶穌。

艾瑞克森又說：「據我所知，你好像是一個木匠。」

他回答：「是。」這仍是身為耶穌的他唯一的回答。

艾瑞克森又說：「最近醫院正在整修視聽室，你願意幫忙嗎？」

他依然只能回答：「好。」

於是，他重回人群與人一起工作，慢慢地也重新適應了生活，最後他出院了，並且可以養活自己，同時他仍然是耶穌。

故事中，艾瑞克森「不解釋判斷」、「不追問過去歷史」、「不給出任何建議」，只是允許個案認定自己是耶穌，也肯定他耶穌的身分，並觀察他認為的耶穌行為，然後運用他的觀察來完成這個工作。

「允許」能使個案放下他的防衛，「肯定」則使個案找回他的自信，「觀察」要讓我們理解個案真正的地圖，最終再「運用」個案的地圖去做擴展，使療癒成為個案自己的成就，過程是內生，而不是由外植入，這將更合乎個案整體性考量的結果。

使用**允許、肯定、觀察、運用**是把助人工作者的高度，放到與尋

求幫助者的高度一樣的一種仁慈表現，當助人者與被幫助者高度是平等的時候，會使受助者開始走上自我療癒的旅程。

治療師本來就無法真的進行任何的治療，治療師只是提供陪伴與扶持，真正的療癒都是個案重新改寫他的生命敘事時才會真實的發生。如果治療者有著比個案更高的高度，那意味著個案必須被指導，必須依賴，這中間就會產生依附關係，使得個案缺乏獨立探索的能力，甚至離自我療癒的道路更遠。

以下，分別就這四個要素簡單說明：

① 允許

使用允許的方法是，不管你告訴我什麼，我都允許它發生，這是艾瑞克森思考的方向，陪伴者回應互動通常像這樣：「你願意跟我坦承你不為人知較為陰暗的一面嗎？」、「如果不願意，那是什麼讓你不願意？」、「所以什麼樣情況下你會願意？」這樣的方式會使個案可以放下防衛心，讓我們看見更多他的內在地圖。

試著想想，如果我們得不到對方的接納，沒辦法得到對方的回饋，那我們要如何開始進行協助與支持的過程？

允許只是開始，接下來要更進一步肯定他現在的作為與能力，使個案取得自信，不認為自己是一個無可救藥的病患，擺脫限制性信念。

② 肯定

肯定的意義，我喜歡舉班德勒的一個例子。

一個有幻視的個案來尋求幫忙，他有強烈的病識感，知道自己「不

正常」，也為自己的不正常感到羞恥。

　　班德勒沒有像一般助人者那樣膠著在他的「不正常」，反而肯定對方的能力是一種非凡的成就，並為這個異常找出一個具有正向意義的情境，這讓個案取得了自信並且願意講的更多。

　　班德勒聽了個案描述後，跟他說：「你知道這是多大的一種成就嗎？你知道虛擬實境VR的市場有多大，但他們都辦不到你現在做的事，你可以教我，你是如何做到的嗎？」

　　於是個案從病患的身分解放出來，成為一個擁有特別能力的不平凡的正常人，一直以來的「不正常」成了他許多能力中的一種能力，幻視成為他可運用的天賦，不再是病症。

③ 觀察

　　觀察是這四要素的核心，也是這四要素被發展出來的基礎。

　　這要從艾瑞克森罹患小兒麻痺的時候說起，當年在他堅持要打破醫師看不到明天日出的魔咒後，仍被迫在病床上躺了好幾年。躺在床上無聊的日子裡，他最大的娛樂就是觀察自家眾兄弟姊妹的行為，並歸納、預測他們的行為與行為間的關聯。

　　他觀察的故事中有個較為人所知的是，他與秘書間有一個遊戲，就是他的秘書會故意隱匿外地工作的老公回家的事，不過艾瑞克森卻可以從她走路的姿勢，猜出她老公昨晚已經回家。只是後期的艾瑞克森幾乎被神格化，我不免也要提醒，這對學習催眠者是不好的，應該尊敬老師但是不能崇拜，因為學習是複製而後超越，這才是真正的學習目的。

　　艾瑞克森真正的能力是他獨特而細緻的觀察，依此能準確預測出

對方會有的反應，雖然至今他做很多我們看不出脈絡的治療，但並不表示他沒有思考。這裡有一個小故事：

有個母親來求助艾瑞克森，她說：「女兒偏執的認為自己的腳太小，因此自卑而不敢見人。」

雖然找了醫師，得到很多人的勸告，但她的女兒還是認為自己的腳太小，太丟臉，不敢出門，如果有人來家裡，她也會躲到房間去。

艾瑞克森聽完，對這位媽媽說：「你必須配合我，不能拒絕我任何奇怪的要求。」

媽媽同意了，於是，艾瑞克森找了一天到她家。

艾瑞克森是以醫師的身分前去為媽媽看診，並且以沒有護士陪伴為由，邀請她的女兒來旁邊陪伴母親，艾瑞克森要求個案的母親解開上衣，因為他要診察她的乳房，同時請個案站在他的後方。

診察時，艾瑞克森往後退一步，並故意踩在個案的腳上，然後很生氣的回頭罵個案：「妳沒事把腳長那麼大幹嘛？害我踩到你的腳。」

當下個案露出詭異的微笑，從那之後，她開始出門，恢復了正常的生活。

如果，艾瑞克森沒有把日常生活中看似平常的東西，做有意義的思考與歸納，如何有辦法想出這些奇怪的治療方式？

這些全立基於觀察，而且是充滿好奇心的觀察。雖然艾瑞克森被有些人形容是一肚子詭計的治療師，但種種案例顯示，他做了很多的思考

與設計，那不是天縱英才，而是神的給予。

④ 運用

運用的真諦是在看出舊行為的新意義，這個過程無須創造新的毀滅舊的，所以自然沒有掙扎，沒有對抗。

比方，吐氣使人放掉緊繃，所以吐氣時合併說放鬆，更容易使人放鬆。

反之，吸氣時胸腔帶動肩膀的上升，使得手似乎會變輕，因此催眠帶抬手時，利用吸氣時候下指令，更容易得到個案的配合。

吸氣、吐氣是日常生活中不會引人注目的事，但我們觀察到這樣的現象然後利用這現象，就是舊行為賦予新意義。

而利用個案原來就有的行為或思維，擴展他的生命地圖，就是運用。以前面艾瑞克森的耶穌患者故事為例，耶穌、木匠、助人者三個合一，讓個案重新回到現實中參予日常生活的工作，就是運用的例子。

總結來說，這四要素正是治療師應有的態度，有些人解讀這四要素，把它當成催眠的技巧，不過經過我的說明之後，你也許更能了解，允許、肯定、觀察、運用更是一種治療師應有的態度。

我常說對個案要保有平等的好奇心，那究竟要怎麼做？

「允許、肯定、觀察、運用」正提供了我們一個完整的方法。

Trance 而非 Hypnosis

艾瑞克森認為催眠是自然而然的現象，不必透過催眠的既定程序來

引發。就艾瑞克森催眠治療的理論中，吉利根提到：「催眠是描述體驗如何被生成的極佳模型，並且被定義為一系列體驗式專注的交互序列，該序列產生一種改變的意識狀態，也是自我表達開始自發的發生（意即沒有意識的干預）。」

他的意思簡單說是：一、催眠是自然發生的現象；二、催眠會引發變動的意識狀態。

為了有別於傳統催眠，艾瑞克森取向稱他們的催眠是Trance，中文意思是「恍惚」，所謂的恍惚是指意識變動狀態中，批判性意識是不在的，這是我從傳統催眠的角度思考出的比較容易懂的說明，但恍惚（Trance）不是催眠（Hypnosis），有些翻譯常常將它翻譯成催眠，但二者是不同的，它們的差別在「年齡回溯」過程中表現非常明顯。

傳統催眠裡，我們需要解說催眠，要催眠測試，才能正式催眠、深化，然後開始年齡回溯，前面提到的演練法便是遵循這個流程。

艾瑞克森取向是這樣做的，如果提問：「你小時候最喜歡吃什麼？」回答這個問題時，你必須脫離現在環境的限制，進入內在回憶，也就是我們說的進入「意識變動狀態」，然後回到小時候（即年齡退行），開始回想那時候的你最愛吃什麼？

當然，你不會只想到東西，在不喚醒當時的畫面、情境、感受的情況下，你一想到小時候，身心狀態就進入了小的時候，這時的差異只有進入的程度與深度的差別，但不管什麼情況都不再是原來的狀態。

這時候如果我又問你：「誰會準備這些東西給你吃？」這時，愛跟被愛的感覺就會被喚醒。

也就是說，催眠師不是要控制，而是協助來訪者喚醒早已經擁有的資源，然後他再運用這個資源來協助來訪者改變困境。

艾瑞克森取向的自我催眠方法

這個自我催眠方法是艾瑞克森的妻子貝蒂·愛瑞克森（Betty Erickson）所發明。

你要設定一個想要達成的目標，一個自己預期的時間，例如20分鐘，帶著即將進入催眠的前提假設，說三輪「我看見……我聽見……我感覺到……」，第一輪「我看見……我聽見……我感覺到……」要各別說三次，第二輪改說兩次，第三輪各說一次，在第一輪時你可以睜著眼睛，第二輪後再閉上眼睛，並持續用內在的眼睛來描述內在的視覺。

下面的版本參考自《生生不息的催眠》中的「潛意識之門」：

第一步，準備工作。

• 讓自己舒適地坐好，往前看，慢慢的、輕鬆的、呼吸，放鬆。

• 敘述你的目標，即告訴自己進入自我催眠之後，你的目的是：潛意識將會做必要的調整，因此＿＿＿＿＿＿（空白處填入你想要達成的目標）會自然輕易的發生。

• 告訴自己，你要在催眠狀態停留多長的時間。例如：20分鐘之內，我將會完成並清醒過來。

第二步，轉換狀態。

開始引導，請重複陳述句的迴圈，然後每次都加些新的情境。以下為陳述句的迴圈：

- 現在我覺察到我看見＿＿＿＿＿＿然後我讓它帶我更深進入催眠裡……（呼吸和放鬆）
- 現在我覺察到我聽到＿＿＿＿＿＿然後我讓它帶我更深進入催眠裡……（呼吸和放鬆）
- 現在我覺察到我感覺＿＿＿＿＿＿然後我讓它帶我更深進入催眠裡……（呼吸和放鬆）

第三步，轉化。

- 一旦進入催眠狀態，接納和允許每個經驗性形式所貢獻的解答：現在我覺察到＿＿＿＿＿＿正在發生，我讓它帶著我朝向更深的目標前進……
- 當身心準備好了，就會允許整合與移動來超越問題本身。

第四步，將改變帶回到現實生活裡。

- 在未來情境裡看到那個改變
- 承諾和誓言
- 感激
- 回顧重要的學習
- 恢復清醒

以上，你可以依據這個腳本為自己做個自我催眠的錄音檔，讓自己可以隨時隨地進行自我催眠。

日常生活常見的艾瑞克森取向暗示方法

艾瑞克森非常懂得運用前提假設來做暗示，然後再逐步使人就範的

人，所以全書我經常提到：「**催眠的控制是假的，但是暗示的控制是真的。**」

越來越多催眠師聲稱他們在做「隱蔽式催眠」，意思是催眠師可以在你完全沒有覺察的情況下催眠你。就我的看法，他們所做的都沒有脫離艾瑞克森催眠技巧的範疇，唯一能影響人且不被覺察的方式只有暗示，而形塑一個特定的環境，讓來訪者產生前提假設的方式，就是隱蔽式的催眠。

艾瑞克森的「兩難引發」是最常見的前提假設的技術運用，比方媽媽對小孩說：「你想先寫功課，還是先洗澡。」或豆漿店老闆問客人：「你要加一顆蛋，還是兩顆蛋？」

其他像是服飾店小姐對正在看衣服的你說：「你喜歡深一點的顏色，還是淺一點的顏色？」或銷售人員問你：「要付現金還是刷卡？」

這些提問有一個共通點，都避開了問你同不同意、要不要，而是直接假設你已經同意並且準備做出選擇，而這則被日本人稱之為「誤前提暗示」。

這種把注意力焦點引導到決策後的選擇，使來訪者以為有選擇，其實沒選擇的問題，艾瑞克森稱為「兩難的引發」，也有翻譯是「雙重束縛」，當來訪者做出回應，他就掉入了說話者的暗示裡。

艾瑞克森的前提假設不是只有雙重束縛，比方你正考慮要不要補習英文，而我跟你說：「在這個補習班有兩種學習者，一種很認真，他們三個月就可以跟外師對話，另一種就很隨性，他們來了一年才能跟外師對話，所有人都可以自由選擇學習的快慢，你覺得你是三個月就可以跟

外師流利對談，還是六個月？」

　　你來詢問英文補習就表示有想要學會英文，這是非常明顯的前提假設，在這個對話裡，我讓你產生跟外師對話的畫面，先以跟你無關的人來避免情緒反彈跟排斥，然後創造兩個選項，這裡已把你放進選項，然後提問：「你想三個月學好，還是六個月學好？」

　　或者，你有出國旅遊夢，壽險推銷員對你說：「假如你退休以後可以規劃三年出國一次，你想去東南亞還是歐洲？」

　　回想日常生活中的對話，不難發現前提假設的暗示真的無處不在。

資源來自「自我喚醒」而不是外在給予

　　吉利根說，艾瑞克森催眠理論有八種深層理念：

① 人人都有獨特之處

② 催眠是一個交流意念的過程

③ 人人擁有生生不息的（generative）資源

④ 催眠狀態激發資源利用

⑤ 催眠的狀態是自然產生的

⑥ 轉變性變化是過程校正而不是錯誤校正

⑦ 人的獨特性可以在許多層面上得到欣賞

⑧ 無意識能夠自動地且具有很強的生生不息能力的作用

「催眠是一個交流意念的過程」、「催眠狀態是自然產生的」這在前面已聊過，其他的理念可以約簡為：「症狀是過程校正，而不是問題校正」、「每個人都是獨一無二的，同時每個人都擁有他所需要的資源」以

及「催眠可以激發潛意識進入生生不息的狀態」。

艾瑞克森認為所有的症狀都是潛意識回應環境所做出的選擇，所以症狀本身不是毒蛇猛獸，而是忠於來訪者潛意識的決定。既然它可以做這個決定，當然也可以做其他的決定，來訪者在成長的過程中，潛意識透過學習已經具備所有所需要的資源，只是我們受限於此時此刻的前提假設，忘記已經擁有些資源。

以創傷為例，創傷經常會出現痛苦事件的閃回，而艾瑞克森學派的作法是，利用來訪者擅長的催眠現象來跟來訪者工作，如果來訪者很擅長遺忘，我們就讓他遺忘這段事件；如果來訪者擅長回憶，我們就請他想起一段愉快的回憶用它中和或取代這段創傷；如果來訪者擅長扭曲時間，我們就可以利用時間的扭曲減低創傷對他的影響等等。

簡單說，想像可以改變你的想法跟觀點。

比方你看了一部電影，電影的情節是虛構的，但是你的感受跟經驗是真實的，因此電影甚至可以在三個小時就改變你的審美觀。

你是否看過「阿凡達」這部電影？那些長著藍皮、高大又身手矯健的外星人是我們不熟悉的，然而電影結束後，就長相的討喜度而言，你可能會覺得人類還沒有阿凡達那些外星人好看。

想像可以改變你的想法跟觀點，我們要做的就是喚醒潛意識想像的能力，想像不是事實，但是想像所喚起的情緒、能量、身心狀態都是真實不虛的。

如果我對你說：「你可以想起一個非常具有美感的生命時刻嗎？也許是在海邊或是山上，你融入風景，風景融入你。或者是一個心境跟環

境的交融，好像你做了一個艱難卻很好的決定，在步出決定的地方，是不是像風景一樣，讓你有了新眼光且充滿生命的美感？」

好像不如意時，你去到海邊，聽見動人的音樂，然後被喚醒了這種美感經驗時，感覺怎麼樣？如果你帶著這樣的美感回想最近的一些不如意的事，又會怎麼看待它們？

▸▸ 瞬間催眠與街頭清醒催眠

在我的觀念裡面，沒有所謂的瞬間催眠，只有瞬間取得來訪者腦袋一片空白，然後立刻下切放鬆跟深化，成功與否取決於來訪者的前提假設而不是催眠師，所以瞬間是假的。

如果你是大師，有光暈效應，可能不用做太多鋪陳，否則你只能祈禱來訪者看過瞬間催眠，滿心期待自己是最佳被催眠對象了。

瞬間催眠非常強調「即將發生、正在發生、已經發生」的催眠行進節奏，用比較白話的方式說，就是「預先說明要發生什麼？你現在就要發生了，透過你現在的現象驗證了你已經發生了，所以，放掉你的控制，因為你已經進入更深的催眠」。

儘管瞬間催眠有各式各樣的手法，然而所有的瞬間催眠也都遵循以下原則：

① 製造你即將進入催眠的氛圍。

② 一個驚嚇取得了意識的空白，這通常伴隨著身體性的墜落或失去平衡。

③ 催眠師在對方失衡後，立即提供舒適的支持並引導放鬆。

④ 不斷的深化，一般常見的深化手法即前面有提及的「手墜落」、「睜眼閉眼」，以及「旋轉身體」、「輕輕旋轉頭部」、「語言引導深化」等。

一般在「雙手緊握測試」之後會接瞬間催眠，這組合是舞台催眠師的基本配備，其他向後倒或前倒也是常見的身體失衡的瞬間催眠；還有「碰椅法」，那是讓來訪者往後失衡而坐到椅子上。

我曾經見過一位個子不高的女性催眠講師，做了一些很驚悚的手法，她因為無法在來訪者後倒時有足夠力量接住對方身體，於是她讓來訪者站在沙發前面，自己則跳起來用手推來訪者的額頭，讓對方向後倒到沙發上，但這方式有可能會讓來訪者受傷的。

我還是想說，舞台催眠師雖然常被批評的一文不值，但是大家可以多注意，舞台催眠師其實在舞台上十分善待被催眠的對象，而且每個舞台催眠師都會把掌聲還給被催眠對象，因此表演結束時，他們第一句話總是：「各位先生、女士請給這位觀眾熱烈的掌聲。」

參與舞台催眠者都知道，自己是娛樂表演的一部分，獲得掌聲表示他做的很好，不管他剛剛做了什麼，他都是被讚美的，這個肯定對被催眠者很重要。

表演完後，催眠師必須給「被催眠者一個肯定跟尊重」，而不是自顧自跟觀眾索取掌聲，甚至還有治療師在做完催眠後對來訪者說：「我早知道你如何如何……」、「你剛剛在我的引導下進入很深的催眠……」之類強調自己的作為，這些顯而可見的特徵是，他們把自己看得比來訪者還重要。

我不得不說，如果你遇見這一類型的催眠師或治療師，建議你要迴避，因為他們恐怕會讓你在催眠之後生活變的更糟。雖然我早期也常做瞬間催眠，但自從跟英國的催眠師組織 Head Hackers 學會不少街頭清醒催眠後，我幾乎不再使用瞬間催眠來作為自己的能力證明，畢竟進行瞬間催眠要非常考慮來訪者的安全。

簡單說，所有的瞬間催眠程序都一樣，在這裡介紹一個傳統催眠治療會使用的「手下壓法」。

手下壓法瞬間催眠

讓來訪者坐在椅子上，催眠師站著，這個姿勢有幾個好處，能讓來訪者有壓迫感，及喚醒來訪者以下對上的潛意識記憶。

催眠師伸出慣用手，手掌朝上，要求來訪者伸出手下壓催眠師的手，然後催眠師引導來訪者集中看自己第三眼（眉心上方）或右眼。腳本如下：

我要你把手放在我的手上，往下壓，越來越用力，對，更用力，更用力。

我要你在下壓的同時，抬起頭看著我的右眼，對，專注的看著我的右眼，越專注就越用力，越用力就越專注，看著我的眼睛，用力往下壓，更用力，更用力，專注，用力（催眠師瞬間抽走手，這會讓來訪者因為下壓的慣性使身體前傾墜落，這時催眠師可以立即接住來訪者，大聲喊「睡」）……睡……很好，你做的很好，現在讓自己完全放鬆下來，放鬆你的身體。

由於這個催眠通常與其他手法連貫運用，因此讀者不妨上我的youtube網站（催眠從傳統到街頭）搜尋相關示範，會有更多的認識。

　　其他，另有顛覆傳統的權威式催眠測試，也是常見的清醒催眠方法，分別為「**手掌沾黏**」（詳見附錄2-12）與「**腳沾黏**」（詳見附錄2-13），我很喜歡用清醒催眠來挑戰催眠夥伴對催眠的概念，包括讓來訪者在完全清醒下體驗到「遺忘名字」的過程，也請記得我在前面提出的，這些催眠始終有著「主動想像」及「限縮注意力」兩個要素。

「遺忘名字」示範

https://youtu.be/Qxw7sqz1FPw

催眠是人生的縮影

　　到上海催眠教學的前二年，是我催眠技術進步最多的時期，當時的我沉迷研究各種新式催眠技術，每一學到新的技術，我就想著開課教學分享，可是每當嘗試開全新的進階班時，報名者常常寥寥可數。

　　這也讓我反省，催眠技術是運用人的心理機制而有效的，來訪者從「小的相信」一路發展到「大的相信」，並且都是在幾分鐘內就能完成，所以我常說：「催眠就是人生的縮影。」

　　因此，催眠師如果學到的只是「催眠是催眠，人生是人生」那就太可惜了。

　　接下來想與大家簡單聊聊，我從腳沾黏這個快速又有效的清醒催眠技術中，引我反思人生中的幾個現象。

▶▶ 「以愛為名」的控制與「習得性無助」

　　在「腳沾黏」技術裡，催眠師放在來訪者身後的愛的小手，代表著愛與關懷，由於催眠師故意把身體貼在自己的手的後方，除了手，催眠

師並沒有碰觸到來訪者的身體，可是來訪者很容易因為手所代表的支持與溫暖，而忽略了催眠師的身體所形成的壓迫。

當你靠得太近，你的愛與關懷沒有留下任何空間，來訪者必須移動他身體的重心才能移動他的腳，可是他如果真的移動他的重心，就必須頂撞這個代表的是權威、愛與關懷的催眠師，一般人不會去破壞這個關係，來訪者在嘗試幾次後，潛意識就學到他的身體不能往後，即使催眠師的手已經離開，他還留在已經學到的「習得性無助」[11]裡。

聽過習得性無助的實驗故事嗎？

科學家把狗關在鐵製地板的鐵籠裡，一通電，狗狗就四處逃竄，很快就找到出口離開，幾次後，科學家關閉了出口，通電後狗狗四處逃竄，但是沒有出口。

最後，狗狗就只能躺著哀號。接下來，又通了幾次電，但狗狗的掙扎越來越少，這時牠學到了掙扎只會更痛苦，牠們知道再掙扎也沒有用，與其浪費體力，不如躺著不動。接著科學家把出口打開，通電的時候狗狗卻不會動了，因為牠們已經失去希望。

那麼狗狗要怎麼改變習得性無助呢？

你得把牠硬拉出去，牠們才能重新學習到不要放棄。

註11 習得性無助（Learned Helplessness）是由美國心理學家塞利格曼提出（Martin E. P. Seligman），研究發現，人或動物接連不斷地受到挫折，便會感到自己對於一切都無能為力，喪失信心，陷入一種無助的心理狀態。現實生活中，當一個人發現無論如何努力或無論怎麼做，都以失敗告終時，他就會覺得自己控制不了整個局面，於是精神支柱瓦解，鬥志隨之喪失，最終放棄所有努力，陷入絕望。

這個實驗發布後，改變了美國對黑人小孩的教育方式。

回顧腳沾黏催眠中，你可以看到習得性無助建立得有多快，特別當你以愛與關懷的小手，還有令人窒息的貼近，讓對方沒有可以移動的空間，就六、七秒鐘，對方的腳就不能動了。

生活不也是這樣，父母對孩子、伴侶對另一半、密友等等，多少人藉著愛與關懷為名侵入對方的空間，然而愛跟關懷越是濃烈，越是不自知的干涉跟控制，在對方掙扎幾次後就放棄了，關懷者獲得價值感的同時，被關懷者則逐步流失了自主權跟自我思辨的能力，如果走上決裂還算好事，雖然痛苦，但是兩者都做回自己，最可怕的是形成一個共生體，兩者都喪失了自由。

我們的社會就常見這樣的現象，父母要小孩只要負責認真讀書，其他都不用管，小孩成了考試機器。

可是青少年時期情竇初開了，正是從異性遊戲、交往取得跟異性相處能力的時候，父母則要小孩別分心。等到上了大學，父母要小孩跟異性交往，但小孩卻沒有跟異性相處的能力。長大出社會工作，則因為缺乏跟團體相處的能力，最後小孩依附父母一生，也是因為父母「以愛為名」讓小孩有了「習得性無助」。

▸▸ 壓力是催眠師的好朋友

街頭催眠經常是找一群青少年，因為**數據顯示**，最容易被催眠的對象是高中到大學這個階段的年輕人，在解說催眠後，再做幾個測試，挑

選出一個好對象，就可以直接練習催眠。

然而，當其他少年覺得被催眠者的反應太奇怪，而常常笑的很大聲時，猜猜看對被催眠者而言，發生了什麼事？

他會覺得很丟臉？

是！你猜對了。

那麼他會因此而醒過來？

錯！他會更快進入更深的催眠狀態。

因為沒有人想當傻瓜，當你覺得我是傻瓜的時候，我必須證明我不是，證明方法就是被催眠者會選擇更快進入更深的催眠狀態，好證明自己是對的，而你是錯的。重點是被催眠者並不知道自己的內在是這樣想的，那是隱藏在潛意識的一組自動反應，他只是做出反應，沒有意識到自己在做什麼。

看過全世界都認為不合適結合的男女嗎？

最後他們用更濃烈的愛證明他們是對的，因為反對的聲音越大，他們的內聚力就越大，直到所有人放棄不管他們，剩下他們兩個人時，他們才會把注意力從外面拉回到他們的相處，然後很快的他們就會分開，因為他們真的不合適。

所以不要隨便施壓，那會讓事情因為你的施壓，而常常跑到你不想要的方向發展。

➠ 相信是一把雙面刃

艾瑞克森曾說：「形成症狀的路徑跟形成催眠的路徑是一樣的。」

好的相信讓你上天堂，不好的相信讓你住進動不得的「套一妨」（妨乃取自房諧音），這一路教大家的催眠沾黏技術，不都是在做這樣的事？

催眠師深諳用小相信換取更大的相信的技術，以手沾黏的清醒催眠為例，那個「黏」就是來訪者自己用力壓桌子發生的，從壓到黏，催眠師只改變了描述的方式，在來訪者窄化注意力而讓自己黏在桌上時，這本來不可能發生的，但它發生了，於是來訪者開始相信，催眠師比他更懂自己，他相信催眠師的引導，然後依然是小相信換大相信，即使來訪者是清醒的，但是他已經因自己窄化的注意力而陷進「自我參考—自我驗證」的循環。

NLP的大師Robert Dilts（中譯名繁雜，因此以下皆稱Robert Dilts）說這是人的「思想病毒」，他會不斷的自我繁殖。

但這是壞事嗎？

錯！這就是一個現象，沒有好壞，試想一個人走進生命的幽谷，沒有資源，沒有可以用力的方向，這個人要如何走出幽谷，迎向未來？

答案是信心、希望、愛。信心、希望都不是用證據來驗證的，它就是相信，懷抱著相信，讓人可以走過各種艱難挑戰，這跟「思想病毒」是同一個東西，就像科學家意圖利用病毒成為可以改造細胞的治療，好的相信同樣也能救人。

催眠師需要時時觀照來訪者的系統，為來訪者整體性考量，觀察他

即將做出的改變，以及在原來的系統中會如何作用，只有在確認最後結果是我們要的，才能做出處置，而信心、希望、愛就是催眠與催眠治療的心理機制跟資源，當你練習催眠時，想想這個跟你生活的對照，你會有更多的收穫。

Chapter 2

德派催眠雞尾酒療法

催眠師是潛意識層次的行為專家。我們專注在潛意識與自動駕駛行為，它們過去如何連結，以及未來可能的連結方式。

——唐道德——

關於德派催眠雞尾酒療法

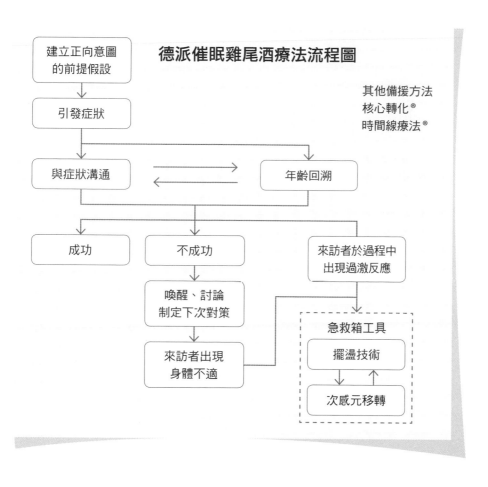

德派催眠雞尾酒療法流程圖

建立正向意圖的前提假設 → 引發症狀 → 與症狀溝通 ⇄ 年齡回溯

其他備援方法
核心轉化®
時間線療法®

- 成功
- 不成功 → 喚醒、討論制定下次對策 → 來訪者出現身體不適
- 來訪者於過程中出現過激反應

急救箱工具
擺盪技術 ← 次感元移轉

德派催眠雞尾酒療法如何發展出來的

　　來上我催眠課的有一半是心理師，除了對催眠感到好奇的人，有四分之三的學員都已經在從事助人工作。

　　他們常常問我，如何整合催眠技術在他們的助人工作上？

　　雖然大師們都說治療是一種藝術，但是，對還沒有成為大師且技術還未達游刃有餘之前的人，需要經過反覆沉潛在堅實技術之後，才有機會讓治療成為一種藝術，對我而言，在此之前仍需要一個過程跟方法。

　　身為教授催眠的老師，我理所當然成為他們催眠治療的督導，為了幫助學員學習與治療上的應用，我教學九年期間，四處吸收養分，在看了三年大師級的治療教學錄影帶後，我發現，儘管各大師們的理論學說完全不同，但面對來訪者實際執行的對策跟作法，其實都非常類似。

　　這也讓我思考，雖然每個來訪者都是獨特的個案，也應該量身定做屬於他的解方，但是對沒有督導且尚未理出自己方式的助人工作者來說，如果連一個可供參考的方案都沒有，那是如何的無助？

　　這讓沒有門派束縛的我開始思考，可不可能在教學的時候，把一個可以遵循的流程創造出來，讓催眠師有個簡單可以遵循的獨一無二的催眠療程的藍圖，並且讓他們能加進自己原有的資源，同時也能顧及來訪者的資源。

　　在發想時，我先想到第一個問題：「如何確保來訪者的安全？」

　　於是，我有了「**催眠急救箱**」的構想。

　　因為在催眠工作中，就催眠師來說，有一件事非常重要——**學會照**

顧來訪者安全比治療還重要。

對我來說，不能告訴催眠師「你不要做什麼」，那只會讓催眠師學到限制與恐懼，所以在教「如何治療」之前，我得先教會他們「如何防止來訪者在治療中發生二度創傷」，以及在過程中，「如何避免讓內在某部分之間的衝突，而遺留下身體不適」。簡單來說，這個階段的目標是要確保來訪者離開催眠師時，是安全無虞的，這個態度跟觀念比任何療癒技術都還要重要。

在這樣的基礎之下，經過了多年的學習跟調整，我也參考了EFT（能量場療法）、EMI（NLP版的快速眼動療法）、NLP次感元轉移，以及取經最多的彼得・列文的身體經驗療法後，整合出了我的「德派催眠雞尾酒療法」。

關於阿德傳授的催眠雞尾酒療法

我以這樣的發展流程，繼續融合傳統催眠與艾瑞克森學派為基礎的催眠療癒方法，之後再逐步加入其它後現代心理治療各流派的養分，雖然當中有許多方法連我自己都難以交代所有出處，但仍總結產出了今天的德派催眠雞尾酒療法，如今也有心理師的學員們已開始有效的運用在他們的催眠治療上。

甚至，我的助教也各自在學了不同的催眠後，紛紛告訴我，唯有我這樣系統性的催眠治療教學，效果最為弘大。

在我親自發出超過一千五百張催眠師證照，並且在中國九個城市擁有超過六十位的助教後，加上許多心理師學員的反饋，以及看見自己親

授培訓的師資也越來越多開始教催眠之後，為了方便區隔我的催眠教學與其他流派的不同，我也大膽自稱自己的催眠為「阿德的催眠」。

這一切都是我自學的各式各樣催眠及心理治療方法，事實上這些方法不是我發明的，因此總結整理出來後，稱它為催眠「雞尾酒療法」，我想我的貢獻是，解構這些方法，並且把這些方法用催眠組合起來，成為一個具有流程圖結構的催眠治療法。

為了區隔我們跟其他催眠流派的不同，同時也為了夥伴們的發展，我給這個催眠治療流程一個命名，就叫「德派催眠」。

化繁為簡的德派催眠雞尾酒療法

這套療法的第一步得思考的是，要「先瞄準再開槍，還是先開槍再瞄準」。

吉利根曾說：「當治療師的方法失敗後，真正的治療才開始。」不過據說艾瑞克森是：比起其他治療者總是先瞄準再開槍，他偏好先開槍再瞄準。

那麼瞄準、開槍的先後有什麼差異？

我打個比方，治療師想要解決來訪者的問題，但是對來訪者的問題卻缺乏全貌的理解，這就像是獵人在叢林裡，守在一個安全的地方，拿著槍找獵物一樣，此時的他面臨兩難問題，首先他眼睛已放在瞄準器上了，但也要開槍才會收穫結果，問題是，瞄準器裡可以看見的事物太少，甚至他可能有「根本不知道在找什麼」的困境？

比較起來，艾瑞克森顯然乾脆許多，他選擇先開槍（即在有了方向

時，就先做介入），然後叢林裡的動物會因為槍響而被驚動，開始四處亂竄，過程中不就能讓治療師看見清楚的全貌，然後也就能開始瞄準真正的獵物了。

以恐婚的例子來說，當來訪者回來，告訴催眠師，這一週他的家庭作業（在德派催眠流程完成後，會有家庭作業，我後面會再說明）一無所獲時，催眠師沒有時間感覺到挫敗，因為你要開始好奇，他是「如何」做不到這個結果，進而發現問題底層更深的結構。這就是吉利根所說「當治療失敗的時候，真正的治療才開始」這句話的意義。

我的要求是，德派催眠是實做派的催眠，比較不過度著墨於理論，而是要對來訪者如何做出他的症狀感到興趣，要去好奇他的症狀是怎麼發生的，積極了解來訪者「How to do」，翻成中文我會問：「你『如何』做到這問題的？」這能協助我們了解更深問題的底層結構。

正式治療前必須找到來訪者的資源

來訪者付費尋求協助，所以治療會是有效率的壓力，面對催眠師，來訪者傾向一直描述他的問題，以及更多的問題。

催眠師如果只看見這些問題，那訪者就會學到限制，而不是最重要的「可能」。

因此，接下來我們有幾個重點要注意：

① 一次只能處理一個問題

催眠師必須理解，我們一次只能處理一個問題，如果問題太多，很容易陷入一團亂而無法釐清從何著手。我通常傾向建立一張來訪者問題

系統化的地圖，如果看不清楚為什麼，我就會好奇的詢問更多，把更大的範圍加入，以釐清來訪者內在部分的系統是如何作用的。

② 除了問題，來訪者還是誰

某個敘述著婚姻問題或親子問題的來訪者，可能是一個卓越的藝術家、一個成功的商人、一個朋友眼中的最佳夥伴，或是其他卓越的身分，然而為了治療這個問題，他忘了自己在其他面向的卓越。

就像一個能言善道的男孩，遇見心儀的女孩變得結巴，我們要處理的不是他的「做不到」，而是去除他的限制，讓他原來就擁有的資源得到發揮的空間。因此好奇來訪者「還是誰」，有助於提醒來訪者不要沉溺在失敗裡，可以有效改善來訪者的心理狀態。

③ 來訪者擁有哪些資源

來訪者的其他身分可以提醒我們與他自己，去找出他身上擁有些什麼資源。

催眠師還要在建立來訪者的問題系統藍圖時，心中帶著「好奇」的態度去理解眼前的人：「有這麼多問題，怎麼還能活到現在？」像這樣用好奇的角度時，我們甚至可以這樣問他：「聽起來你有一個非常艱難的童年，那種情況下很多人都放棄了，可是我看見你還活得比那些人好，你是怎麼辦到的？」

這能協助他找到自己的資源，畢竟他現在還活著，想必有著什麼支持著他？

那可能是爺爺或奶奶的愛，可能是對老天爺的憤怒，後者雖然是負向的，但活在這個的底層內涵可能是：「我值得！憑什麼上天這樣對待

我。」不管什麼情況，這些都是來訪者身上的重要資源，當我們為來訪者做催眠時，去協助他們找出這些資源，然後好好運用它。

永遠把來訪者的需要放在催眠師的需要之前

催眠治療的重點是療癒，不是催眠，不需要炫技，而是需要有更多對來訪者意識跟潛意識的尊重。

來訪者做自己，所以他永遠不會做錯。

所有非預期的反應跟失敗，都是催眠師的理解跟策略假設上可能有錯誤的回饋，這些都是很好的資訊，催眠師要做的是消化這個資訊，而不是沉溺在挫敗感中。

你要問自己以下問題，會比感覺挫敗來得有用：

「我開了槍做了治療，現在，正在發生什麼？」

「這個系統跟我假設不同，那更貼近事實的系統長什麼樣子？」

「如果我還是看不出來，我的盲點在哪裡？是把問題系統擴得太大，還是我聚焦的範圍太小？」

「如果這個問題只是問題的表面，那它的全貌是什麼？它的底層結構會是什麼樣子？」

去大膽假設，小心謹慎的推動、輕敲來訪者，看看他的反應跟你的模型假設是不是相符，這才是催眠治療的事實。

▸▸ ｜第一步是找出「症狀」的正向意圖

催眠治療之前，「建立來訪者的前提假設」仍是最重要的事。

一旦催眠師學會了如何包紮創傷傷口，催眠師更要知道如何教會來訪者在治療前學會一個重要的**假設前提**，即「每個症狀的背後都有一個正向的意圖」。

來訪者所有的症狀跟不喜歡的自己，都是我們的內在「部分」所造成。也就是我們有「理智的部分」，它擅長分析、設定計畫跟實現目標。

但是，我們也有其他的部分，例如：「善待自己的部分」、「另一個渴望的目標的部分」、「愛別人的部分」等等，那些可能沒跟上「理性的部分」的腳步，於是會讓我們罵自己怠惰、不夠上進、拖延等等，所以這世界最嚴厲批評自己的人，可能就是我們自己。

此外，也有「恐懼」跟「想保護」自己的部分，這些在創傷處理的時候，會導致抵抗跟過度應激或凍結的反應，這常是催眠師跟治療者的惡夢，也是來訪者無法走上療癒自己道路的主要原因。

催眠師必須讓來訪者理解，他所害怕的反應跟夢魘，都是他自己的某部分（情緒、信念等）所造成，然而即使是負面，這些部分一定也有想幫助自己的正向意圖。

換句話說，每個症狀都是一個「部分」對它正向意圖的堅持。好像一個平常很溫文的人，有突然暴怒的時候，但是他痛恨自己的這一個「部分」，想要去除它，努力學習更溫和，這是意圖用溫和的部分壓制暴怒部分的暴力行為。然而，就像你的父母用打罵教育壓制你的行為，最

終都不會有效，因為他們沒有滿足你想要的正向意圖。

好像這個溫文的人，可能在過去的人生中使用過幾次暴怒反應，每次都能得到他「當時」想要的，比方在暴怒時能確實控制住場面，於是，他的潛意識學會了這個立即而且有效的反應，就算他事後後悔，覺得這跟他自己的形象不一致，但是就像「握筆測試」一樣，潛意識學會了就不會放手。

引發症狀

大腦的運作模式跟你想像的是不一樣的，人們常常以為大腦是具有獨立思考的能力，是由「我的意識」所控制。

事實上並非如此，好像我們就很容易被情緒劫持，不是嗎？對大多數的情境，我們是藉由模組化反應來應對，而不是思考決定。

有一個簡單的事實，好比說有人對你提出同樣的要求，他可能分別是在家庭、在社團、在公司等三個不同情境裡的不同的人，面對這不同情境中不同的人，即使收到同樣的要求，你一定仍會自動做出不同的反應，而且沒有經過思考。

簡單來說，人們大多數時間都是依靠模組化反應在過生活，並且常常憑著情緒在做決策。

由演化的過程，我們從爬蟲類、哺乳類到靈長類，腦的結構非常的複雜，難以用簡單的模型來描述，不過美國神經科學家麥克連（Paul MacLean）倒是提出了三層腦的概念，它是現今大腦結構最簡單易懂的描述：如果你把你的手掌張開，先把拇指往內扣，再把其他手指扣下，

握成一個拳頭，這就是最簡單的大腦模型了。你的拇指是爬蟲類腦，靠近拇指的拳頭部分是哺乳類腦，而它包覆著邊緣系統，最外層則是新皮質。你的四根手指頭就是前額葉，這是你做決策的中心，也是你之所以成為你的重要部位，但是，也注意一下你的四根手指是如何包圍著你的拇指。

科學家們發現，大腦前額葉與掌管情緒反應的邊緣系統有著密不可分的關係，最有趣的地方是，科學家還發現，由邊緣系統通往前額葉的通路數量，大於前額葉通往邊緣系統的通路數量。簡單地說，你的邊緣系統影響你的前額葉的能力，而且大於前額葉影響邊緣系統的能力。

換個角度思考，將這些腦科學拿到生活中會是什麼樣子呢？

你的情境直接啟動你的邊緣系統，這些邊緣系統裡的情緒，會幻化成化學電，傳導到你的前額葉的決策中心，直接影響你的決策，也就是明明是情緒化，但是我們卻誤以為自己正在做理性的思考。

好像我們常看到的生活場景，一個已經被憤怒劫持，正在大聲咆哮的顧客，店員陪笑著說：「先生你可以不要那麼生氣嗎？」只見這個生氣的人繼續用高分貝音量喊著：「我哪有生氣？」

是啊！生氣是旁觀者的觀察，對憤怒者自己來說，他可是理性的思考著下一步！

除此之外，在腦科學裡有一個重要的定律，叫做海伯定律（Hebb's law），這是加拿大心理學家海伯（Donald Hebb）所發現：「同步發射的神經元會連結在一起。」

意思是，不同的神經元一起發射（神經元是藉由化學電的釋放做訊

息傳遞，所以用發射這個字眼），它們就會傾向繼續一起發射。這句話的意思是，一旦一個神經元成為一群集體發射的神經元之後，這個神經元會被反覆活化同樣的神經細胞，在每次被啟動時，這群神經元將更容易同步而被再次觸發，並一起做出反應。

用一個科學實驗來說明會更清楚，科學家把健康的恆河猴的手指縫合成為一個蹼狀的手掌，於是這些恆河猴無法只動一根手指，而是所有手指必須同時動作才能拿東西。經過一段時間之後，科學家把縫合線拆開，猜猜發生什麼事？這些猴子的手指仍然像被縫合一樣，無法單獨做出個別的動作。

就治療意義告訴我們，當一個人因為一個事件，引起了一個強烈的情緒，他無法消化這個情緒，於是，他會開始反芻這個事件（每一次回想都加強腦神經的連結），如果他在反芻事件中又伴隨強烈情緒，那這就會形成後遺症，往後只要有一點風吹草動，都會引起「一起發射的神經元齊發」的過度應激反應。

身體跟神經元的連結需要的是經驗，而不是思考，雖然思考本身也是神經元的連結，而所謂的「學習」就是兩個不曾連結神經元產生了聯繫。但是神經元必須經常重複連結才會產生慣性，所以我常在教學時反覆叮嚀：「經驗才可以塑造一個人。」

從另一個角度來說，NLP 學派主張所有的問題都是經過學習而來，既然你可以很快的學會問題行為，你當然也可以很快的學會更好的行為。

從上述的例子，就「催眠中的意義」我有幾個結論：

① 腦病變會引起心理疾患，心理治療前應確認來訪者沒有生理性

（器質性）病變。

②　因為大腦的可塑性，人的認知與行為可以改變大腦迴路，所以，如果這個生理性病變是後天環境、行為造成的，原則上依據大腦的可塑性原理，心理治療是可逆後天腦神經的生理病變。

③　心理疾病的急性期，藥物干擾效果大於心理治療，催眠師絕對不可以主張心理藥物缺點大於優點。

④　由於人在冷靜時跟有情緒狀態啟動的時候，大腦的運作模式是不同的，所以，當來訪者冷靜的時候所做的理性對談的結論，對他在情緒狀態中的大腦迴路是起不了作用的。

⑤　有效的心理治療（非侵入性），必須是在來訪者原來的問題狀態的大腦迴路啟動下。催眠師要打破舊的神經元連結，建立新的神經元連結、重塑腦神經迴路，才可能改變來訪者的反應，因此在治療結束前，催眠師要啟動原來的舊迴路，以確定連結已發生改變。

⑥　由於來訪者的意識跟大腦是流動著的，為確定問題狀態下的神經迴路在整個治療過程中維持在場，我們必須為這個問題狀態「定位」。

引發症狀與身體定位

如前文提到的，為維持症狀的問題狀態迴路能持續，我們利用症狀在身體上出現的反應部位來固定、檢測，這稱之為「定位」。

這不是什麼特別的事，一般情緒反應必定都會有身體性的回應，比方緊張時胃可能會收縮；不開心時可能會胸悶；被人背叛時可能會感受到心痛，換言之，任何不愉快的情緒發生時，我們的身體必然都會有些

反應。

因此在引發對方症狀時，只需要簡單的請來訪者回想，他想要處理的那個症狀在發生的時候：他看見什麼，聽見什麼，感受到什麼。透過感官感受讓來訪者開始進入情境，一旦進入情境，他的症狀就會被引發出來，而我們就能從來訪者的外在，觀察到他的情緒被引發，這也表示該症狀的大腦迴路已被打開。

這時候我們要問他：「現在看見、聽見、感受到什麼？」

過程中，請他注意身體的哪裡特別感受到不舒服，然後再請他把手放在那個部位，這樣就完成引發症狀跟定位。在此同時，我們要請來訪者向潛意識的部分（指感受到身體某部位不舒服的那個地方）表示感謝，並歡迎它願意出現與我們一起進行溝通；此外，你也要提醒來訪者的意識：「我們需要意識接受來自潛意識的訊息，但是，請潛意識被動的接受訊息，不要主動思考。」以確保能跟潛意識的溝通順暢無誤。

這些是藉「催眠技術」進行與潛意識溝通時要注意的地方，有時在催眠治療過程中，催眠師如果發現來訪者的反應有點過度理智，可以再次詢問他：「你的手剛剛定位的那個身體性反應還在嗎？」

如果不在，就要請來訪者邀請它回來，以提醒來訪者在過程中維持「症狀部分」的參與，讓症狀有一個意識的空間獲得關照與溫暖，這會有利催眠治療的進行。

與症狀溝通

當我們可以定位症狀，維持症狀狀態的大腦迴路，我們就可以開始

跟症狀工作了。

用前面提到的暴怒例子為例：

「**控制住場面**」是這個「暴怒部分」的正向意圖，我們可以保留這個正向意圖，不過保留這個正向意圖後，就要把「暴怒的」改稱為「**幫助我控制場面的**」，這個重新把「以行為命名」改成「**以意圖命名**」的程序，能讓潛意識得以放掉暴怒的反應，回歸它真正的意圖，然後，催眠師就可以在催眠溝通過程中，讓原本是「暴怒部分」的「敵人」變成「暴怒部分」的「**幫助者跟顧問**」。如此一來，催眠師就可以開始幫助這個部分改用其他的行為，實現原來的正向意圖。

再以此為例，對於「幫助我控制場面的部分」，我們可以有以下幾種作法：

① 每當過去需要控制場面時，去從其他自己滿意而有效的經驗中找到新的行為辦法，並請潛意識採用這個新行為來「幫助我控制場面」。

② 有沒有自己欣賞的人，在發生這種情況的時候，可以做出合宜的反應，並控制住場面？以下提供幾個方向：

方法一：請來訪者找一找，是什麼心理資源（即對方的角度）能讓欣賞的人做出合宜的反應？並請潛意識找出，自己曾經有過很豐富的這種合宜的反應之經驗，然後不斷重複想像這個經驗或其他類似的經驗，而催眠師則趁此時機設下心錨，然後，帶領來訪者練習未來再遇到類似情境的想像彩排。

方法二：請來訪者想像他所欣賞的人在做這些事，然後想像自己成為他，或想像讓他欣賞的這個人把這個能力送給自己，當來訪者接過這

個能力後，開始練習面臨未來的想像彩排，直到滿意為止，也就是在未來事件再次發生時，可以明確感覺到自己足以做出新行為的反應。

不過，我也要提醒新手們，人生歷練不足時，可能會很有熱情的覺得要解決來訪者的所有問題，但一個人是很多部分與環境互相作用下的複雜結果，任何一個症狀解除了，卻也可能成為另一個問題的開始。

例如，曾有位來訪者有很嚴重看不見他人臉色，以及有過度的自我感覺良好的問題。一般人會覺得，若能改善他的覺察敏感度，應有助於他的人生。但是，在細談之後卻發現，他的父親重鬱在家中上吊自殺，大姐也是重鬱症患者且多次住院，而他的二姐也因為人際關係挫敗，正接受諮詢。

了解之後，我不知道你會不會思考，也許自我感覺良好，是他在家族中唯一倖免的主要原因？

因此，有的時候給來訪者空間，只要讓來訪者發現他自認為「不可救」的症狀，原來是他不可分離的一部分，甚至是不離不棄的在幫助他。這就會是很好的發現跟自我療癒的開始，也可以免除他到處拜拜求神，一個仙姑換過一個仙姑，不斷消滅這個被以為是外來的入侵，卻始終消滅不了的惡靈。

年齡回溯

另一個催眠師可以用來與症狀溝通的，是年齡回溯。

以「年齡回溯」來做治療心理疾患的歷史，比起佛洛伊德的精神分析還要久遠，甚至佛洛伊德在早期的治療，也是從催眠年齡回溯中汲取

養分的。

就算你跟這些學派八竿子打不到一起，自從 TA（Transactional Analysis，簡稱 TA）交流分析學派提出「內在小孩」一詞，來聚焦一個過去沒有被消化的生命經驗之後，所有學派都借用這個名詞，來表達來訪者需要被處理的某個過去經驗。

年齡回溯有傳統催眠的作法，也有簡單的艾瑞克森式做法，前面「在催眠裡的年齡回溯」章節中有簡單說明，至於腳本技術，之後在「德派催眠的分解技術」章節會再解說。

與來訪者討論每次療程的結果跟安排家庭作業

每次在結束德派雞尾酒療法的療程前，請花十分鐘與來訪者討論並校準催眠師想法跟實際發生的差別，同時了解現狀，好制定下一步的目標跟策略。

家庭作業是很多治療師會輕忽的事情，記得腦神經科學告訴我們的，兩個不曾連結過的腦神經發生了連結，那只是學習，唯有不斷重複發生連結，這個迴路才會牢固，才會成為一個回應的模式。

再強調一次，「頭腦上的理解不會改變我們，身體的經驗才會塑造我們。」

我們必須在療程與療程中間，安排來訪者日常生活要做的家庭作業，例如：對一個恐婚的來訪者，我們可能得要求他開始找到周圍婚姻幸福的例子，以及他為何覺得這些人婚姻幸福。以此為例，這個家庭作業會帶來幾個面向：

① 改變他注意力的聚焦，從牢固的婚姻失敗的例子，轉向觀看婚姻幸福的例子。這是從經驗上的改變，而不是理論上的理解。

② 當他陳述為何認為這些人的婚姻幸福，正巧可以讓我們理解他對婚姻的價值觀跟檢驗標準，這可以幫助他釐清自己。

③ 如果他回來報告時，一個也沒有，我們就可以檢視他注意力的濾鏡是什麼樣子，一樣也可以釐清他的價值觀跟檢驗標準，以便作為下一次療程的參考資料。

安排家庭作業是極其重要，甚至可以說是治療能持久有效的關鍵，催眠師必須好好的安排與學習。

在這一點上，德派催眠師又比其他流派的催眠師擁有更多的優勢，我們可以在來訪者還沒有離開診療室前，先帶他做未來冥想，反覆練習，讓他知道如何執行家庭作業，並產生新行為。

▸▸ │ 德派催眠主要運用的技術與分解說明

這裡我要介紹兩種來訪者發生狀況時的緊急處理工具：一是適用於心因性疼痛問題的「次感元移轉」，二是適用於處理緊急狀況的「擺盪技術」。

次感元移轉

可以處理任何的疼痛，尤其心因性問題還有機會一次根治，至於器質性的問題，至少可以做到暫時性緩解。

但是，我要再次強調，生病還是需要看醫生，這是催眠師應該要有的負責任態度，處理任何疼痛都必須要求來訪者先看醫師，在確認沒有實際器質性方面的問題，才能執行止痛技術。

技巧流程大致如下：

① 請案主描述感受，並引導到身體感受——由於許多人在形容症狀感受時常常都在空中飛，因此要提醒他，具體指出此時在身上的什麼地方。

② 身體定位。定位是為了避免症狀跑掉。

③ 引導來訪者具體描述（範圍、大小、形狀、顏色、材質）——引導做具象的描述，從一個看不見的東西變得完完全全具象。

其實所有治療都在做兩件事，要麼打破舊連結，要麼做一個新的連結，把疼痛變成具象的東西，再連結到疼痛上面，然後去改變形狀，疼痛的感覺就會變了。

④ 想像改變 ③ 的內容，邀請來訪者檢視感受到的有形改變。

⑤ 改變後，看看來訪者可不可以接受，或者需要拿掉。

以下，提供「次感元移轉」參考步驟：

你可以描述一下那個痛的感覺嗎？

它的範圍有多大，大概在你身體的哪裡到哪裡，它有深度嗎？

它的形狀大概是什麼樣子？

它有顏色嗎？

如果它有顏色，那它是什麼顏色的？

如果有一個材質，會比較像什麼，很硬像鐵一樣，很軟像棉花一樣，

還是像雲霧一樣？

（疼痛本來就是虛無縹緲的東西，現在被具體化了，而且這個具體化是案主自己命名的，因此案主也從中得到一個暗示：「我對這個東西是擁有控制權的。」）

你喜歡那個顏色嗎？

如果不喜歡，你最喜歡什麼顏色，可以讓那個東西變成你喜歡的那個顏色嗎？

（如果同意改變顏色，形狀和材質也都會變。這會讓案主更肯定他對這個東西有操作權，那麼這個疼痛就一定有機會降低。）

所以你可以改變它的材質嗎？

（比如硬的變成軟的，實體的變成虛無的東西。）

你可不可以想像它變成棉花那樣的材質？

可不可以想像有水進來，想像沖刷它？

彼得‧列文的擺盪技巧

擺盪技術適用於處理緊急狀況，例如：恐慌或來訪者身心狀態到了快進入過度應激反應前；又或是在使用次感元移轉這類認知手段後，仍無法治療的，我們可以改用彼得‧列文的身體性取向技術來跟案主工作。

彼得‧列文的從下而上的身體療癒手段，是我這幾年著墨最多的一個學派。

因為我觀察到，不少來訪者似乎有一部分並不想要真的好起來，或者有一部分有習得性無助的情況，這個時候不管我們說什麼，總是窒礙

難行，而且來訪者往下沉淪的力量常常大於向上提升的力量，我發現這時若選擇回到身體工作，成效比較佳。

我喜歡利用彼得・列文的呼吸法，並且用SE®概念來說明，以協助來訪者理解自己的反應——是受創的人正常的反應。就像傷口需要時間復原，心理創傷是心靈上的受傷，一樣會有傷口也需要被照料，復原同樣也需要時間。

通常創傷如果被揭露，我會做的第一件事是，教會來訪者「容忍窗」以及「多重迷走神經系統理論」的概念，讓他們覺察自己的身心狀態，是處在過度應激或是凍結中。

然而，不管察覺到的狀況是過高或過低，都會使來訪者無法連結到自我，而流入「刺激─反應」的生存模式。

這裡，我再簡單的補充說明，關於「**多重迷走神經理論與容忍窗理論**」。

其實這一理論提供了很好的模型，它把過去的交感神經、副交感神經系統的理論，改成具有「層級式的神經系統理論」。

它底層是演化中最早被發展出來的神經系統，那是在硬棘魚身上發展出來的背側迷走神經系統，可以造成生物凍結跟假死的狀態。

想像一隻老鼠被貓捉住，一直玩弄它，老鼠因為過度絕望，它的神經性感受（Neuroception）啟動背側迷走神經系統，於是老鼠陷入假死，當貓一直逗弄它都沒反應時，貓可能會離開或變的鬆懈，這時老鼠會突然醒來，在貓反應不及下，立即逃竄或做出攻擊。而「假死」便是背側迷走神經所產生的凍結，是演化所產生的有意義行為。

老鼠突然間逃竄或攻擊所需要的爆發性能量，是來自下一個演化過程中產生的交感神經系統，這是一種強烈地應激反應——腎上腺素與去甲腎上腺素等激素瞬間爆發，而啟動全身的力量。

哺乳動物養育下一代，需要很多母子關係互動，最後發展出來的是腹側迷走神經系統，它能讓我們因為社會性連結而感受到安全感，進而放大自我調節的能力，讓容納神經性衝動的能力變強，使得我們願意冒險面對挑戰，讓問題變得不再是問題。

簡單講，正常的人對於環境都有自然的自我調節能力，即使過度興奮或過度激動時，也有辦法調節自我狀態，比方我們可能會選擇多做幾個深呼吸，或者把注意力轉向，好像沮喪時，我們會離開現場，去做一點自我調整，像是聽聽音樂，或說：「先讓我出去走一圈，再回來想這些問題。」這些都是自我調節的例子，也就是說當你繃到可忍受的極限時，會去放掉這個緊繃，好讓自己恢復彈性，重新適應。

然而當「刺激—反應」症狀出現，可能是緊繃往上到那個極限，那裡被稱之為過度喚起的「應激反應」。反之，則是緊繃往下到那個極限，那裡則稱之為低迷凝結的「凍結狀態」。介在這兩個極限之中的空間，我們稱之為「容忍窗」，在這個空間裡，一般正常狀態下的我們可以跟自己連結，更可以主導自己的反應，有一點要再補充，這個「容忍窗」上下極限的位置不是固定不變動的，而是會視我們與環境的狀態移動、變化。

比方，相關研究顯示，環境安全的時候，哺乳類專屬的腹側迷走神經系統會被啟動，這會使得我們的「容忍窗」被打開的更大，換句話說，

我們神經系統的耐受能力也會變大。

反之，出現了「刺激—反應」，容忍窗就會像一條流動著神經衝動（Nerve Impulse）的水管，水管失去了彈性，一下衝進過多的神經衝動，使得水管爆開、崩潰。反之就像水管裡的水無法流動了，即能量低於可以開啟自我工作的臨界點時，會讓整個系統陷入凍結。

不管是水管爆開，還是無法流動，都會讓來訪者陷入了「刺激—反應」的模式，而且這反應模式只要每被啟動一次，都會讓大腦神經元的連結更為活化，甚至也更為容易掉進創傷裡。

因此，依「讓容忍窗被打開的更大」的研究理論，我們將它引入心理治療或催眠治療時，如同人本主義取向的治療師一樣，如何提供來訪者安全的環境一直被視為重要的，可能是無條件的關懷等，這會讓來訪者的容忍窗被打的更開，當他的容忍窗能開的更大時，來訪者也就更能恢復自我調節的能力了。

對此，黃翎展老師曾有個簡單的說明：「正常情況下每個人都有自我調節的能力，當失去自我調節能力時，就需要他人扶持協助，讓來訪者恢復自我調節的能力。」

這也是我之所以引用史蒂芬・波格斯（Stephen W. Porges）的多重迷走神經系統理論來解說的原因，讓來訪者了解自己目前的狀態外，也讓來訪者知道，他可以如何幫助自己，找回更好的自我調節功能。

這裡我想分享，彼得・列文有個非常實用的自我情緒調節方法，稱之為：「**嗚」呼吸法**。

簡單來說，SE® 治療取向是協助來訪者恢復自我調節能力，就算他

回想起創傷經驗，也能不過度喚起應激反應或陷入凍結狀態，而是能依據自己的意圖，隨時做出想要的反應。

當治療師需要關注來訪者維持在容忍窗內工作，而來訪者在治療師的陪伴下得練習自我調節的能力時，「嗚」的呼吸法是一個很好的調節練習，在治療師陪伴中，不管來訪者出現過度喚醒的應激反應，或是低度凝結的凍結反應，都能以這個呼吸法來自我調節。

以下是我常在工作坊時使用的腳本，資料是源自彼得・列文博士：

我不知道你知不知道在海上，船是沒有煞車的，所以，船必須在很遠的距離就開始轉向，才能避免碰撞。

白天可以看見船頭跟行進的方向，晚上呢？所有的船左舷燈都是紅色、右舷燈都是綠色，這樣我們就可以區辨船是靠近還是遠離。

那起霧的時候呢？船會發出霧笛聲，好提醒別的船隻，這裡有一艘船。聽過跨年的時候，港口裡所有船一起鳴霧笛的聲音嗎？

「對！它們會一起發出霧笛聲，嗚……」

嗚，開始的時候，慢慢吸氣，吸滿，Hold 住，再慢慢將氣全部吐出來，隨著吐氣發出「嗚」的顫音，持續發聲到把氣吐完為止。

要從丹田處發出聲音，讓聲音產生振動。吐氣動作結束後，先暫停一下，再慢慢吸氣，讓腹部與胸腔完全充滿空氣。當氣吸足之後，再次止息，然後隨吐氣發出「嗚」音，直到氣吐完為止。

（發聲與吐氣過程都要很完全，這點很重要，靜待身體準備好後，就自動開始下一次的過程，如此反覆練習數次後再休息。）

接著，把注意力放在身體，主要集中於腹部，因為這是容納器官的重要空間。

現在，準備好，我們一起做：吸氣，Hold 住，慢慢從嘴巴吐氣，發出，嗚……

讓聲音跟你的丹田共振。慢慢來，吐完之後，自然的吸氣。吸飽吸滿，再一次發出，嗚……

很好，休息。

現在感覺怎麼樣？

吸氣可以啟動交感神經，吐氣的時候可以啟動副交感神經，這樣一鬆一緊調節你的神經系統。

好的，準備好再來一次，吸氣……Hold 住，吐氣的時候發出，嗚……

很好，再一次。

現在，有沒有更取回自己的狀態一點？

在做「嗚」呼吸法時，再次重點提醒：一定要慢慢吸氣，吸滿時要Hold住，再慢慢將氣全部吐出來，隨著吐氣發出「嗚」的顫音，持續發聲到把氣吐完為止。

發聲與吐氣過程都要很完全，也就是要把氣吐完，這點很重要。靜待身體準備好後，就自動開始下一輪，如此反覆練習數次。

彼得·列文非常強調**緩慢**跟**舒適**，如果你做一個動作，過程中感覺到痛，他說最簡單的解決辦法就是做的更慢，然後你就會發現不痛了。

呼吸是取回身心平衡的好方法，我試過「484呼吸法」，其他還有

各種各樣呼吸方法，但是我都不喜歡，因為練習時，那些方法讓我覺得自己快要窒息，只有彼得・列文「嗚」呼吸法是我最喜歡也最滿意的呼吸法。當來訪者有過度喚起或快凍結的時候，我會跟他進行這個練習。

彼得・列文指出，這種強調等待與容納（allowing）的聲音治療，具有多重功能。將聲音震動引導到腹部，能刺激特殊的感覺，讓進行察覺的小我能一直「堅守崗位」。

進行發音療法時，案主常體驗到各種性質的顫動與麻癢感，以及體溫的改變，這些感覺通常很舒服，重要的是這方法跟癱瘓狀態相關的扭曲、痛苦、想嘔吐、麻木等感覺完全不同。研究顯示，可能是從臟器到腦部所傳入訊息的改變，使得90％的感覺迷走神經能強烈影響10％從腦部傳遞到臟器的訊息，進而讓案主內在環境恢復平衡。

事實上，史蒂芬・波格斯也支持此關鍵的調節系統：「源於內臟的反饋訊息是**親社會**（prosocial behavior）迴路的重要媒介，此迴路跟社會參與行為有關。」

結合「呼吸」與「聲音振動」而產生的各種有益健康感覺，能讓人接觸內心的安全感與信任感，並開始專注眼前生活的現實感，甚至，在某種程度上還能協助案主與他人進行面對面、眼對眼等自我與他人間的接觸，為案主進入「社會參與系統」打開通道，並加強他們深化自我調節與放鬆的作用。

其他方法還有，當來訪者的自我調節行不通的時候，已是催眠師的你，可以進階使用「**滴定技術與擺盪的技巧**」來提供協助，它是個很好的調節工具。

SE®的「滴定技術」是從化學實驗的滴定管借名的，彼得・列文認為創傷就像是一個漩渦，不能過於接近，因為來訪者很容易就被捲入，導致二次創傷，因此探索創傷時，就像把硫酸加入水中稀釋，一次只能做一點點，過量是會引起爆炸的。

「擺盪技巧」依據的是注意力原則，當注意力緊繃，所有的生理性反應都會加劇，但如果把注意力放在這些加劇的生理反應，勢必讓人更加緊張，這時就會形成一個正增強的迴路。

調節的辦法就是把注意力放在相對輕鬆的位置，讓來訪者先安定，然後再分一點注意力在剛剛不舒服的位置，看看有什麼不同，這也是催眠中的「已經發生」的驗證，接著再把注意力放回到剛剛的輕鬆，如此來回擺盪，就能讓來訪者慢慢安定下來。這技巧我在第一部的第一章節有分享案例，你們可以往前翻閱再回顧。

目前SE®在台灣有固定的培訓時間，它是非常嚴謹且必須用三年的時間接受培訓的課程，你除了可以先選讀彼得・列文《解鎖》一書外，上網也可以找到彼得・列文的某些課程與示範，當然各地也都有優秀的SE®合格執行師，像台灣的黃翎展老師（Amar）是我非常推薦的一位。

年齡回溯與與症狀溝通

年齡回溯是傳統催眠最重要的一項技術，儘管每個催眠師方法各有巧妙不同，但是，問起催眠如何解決人的問題，那就一定要提到「年齡回溯」。

傳統催眠幾乎都會用到這項技術來處理各種問題，著名的《前世回

溯》這本書就是布萊恩・魏斯（Brian L.Weiss）帶著來訪者年齡回溯，一路回溯到前世的紀錄。

前面深化技術提到的「日曆法」、「樓梯法」、「電梯法」也都可以用在執行年齡回溯時，另外還有驚心動魄的「架情感橋法」，這些都是帶著一個負向情緒去找到生命更早的類似經驗，然後堆疊一個個負面情緒，並一路往前探索生命更早的類似負向經驗，這也會讓來訪者的負向情緒，慢慢被堆疊到幾乎難以負荷的地步，只是這個情緒也恰好就是推動找到最初經驗的動力。

在催眠過程中協助來訪者找到最初的經驗，能幫助來訪者改寫生命經驗，在帶領他回來之後，常常可以發現這帶來了非常好的療癒效果。

比較起來，艾瑞克森取向的催眠師雖然也做年齡回溯，不過他們會請案主回憶經驗（即回溯），接著就會帶進資源來改寫經驗，這跟傳統情緒堆疊的方式相較，不會那麼的驚心動魄，但兩者的處理概念都是在跟所謂的內在小孩工作。

吉利根曾說：「生命一直流過你，一直到你讓它流不過。」意思是你活到三十歲時，二十九歲以前的你的身分都應該死亡（流過），可是，因為你在十二歲或更早之前，有一個創傷經驗形成一個「刺激—反應」的制約模組，如果你不能打開這個模組重新改寫，那麼就算你活到五十歲，當你遇到類似的事件時，十二歲的你會跳出來為你做決策，「因為你讓它流不過」。

我通常會引發症狀，並且先跟症狀對話，去找出症狀（內心）真正想要的（即找到症狀的「正向意圖」），再次強調，意圖一定得是「正向

的描述」。如果，我們的對話溝通，始終不能讓症狀滿意，我會轉以「年齡回溯」的方式重新進行溝通。

也由於執行「與症狀溝通」必須引發症狀，這時有可能導致來訪者二度創傷，因此在教授這個技術時，我會要求催眠師必須理解什麼是「正向意圖」，同時也必須學會如何使用「次感元轉移」，及 SE® 的滴定技術跟擺盪技術，來確保催眠師在執行過程中，可以保護來訪者不至於二度創傷。

記得，所有催眠都是自我催眠，治療的時候也不例外。

催眠師做的是「被來訪者賦能」的工作，能做到什麼深度，大體是由來訪者決定，我們在執行過程中，可能會遭遇來訪者的某個部分反對，導致無法繼續探索，當我們決定終止這次探索，要把來訪者帶回來的時候，有可能會遇到來訪者的內在部分衝突，導致各種可能的不舒服，這個時候我們最簡單的作法，就是歡迎這些不舒服，並鼓勵來訪者看見它們，並和它們相處一會兒，然後再感謝它們的出現跟參與，最後，我們可以用吉利根所謂的關係的咒語：「歡迎，歡迎，歡迎」、「這很有趣，我相信這個發生一定是有道理的」、「你（指症狀）一定很重要，所以才會出現在這裡」等句子來回應。

或者，你也可以使用零極限常用的三個詞「對不起」、「謝謝你」、「我愛你」，這都能改善來訪者跟他被流放的內在小孩取得連結，方便繼續後面的工作。

如果來訪者做完這些工作仍然表示身體不舒服，那就要再參考「次感元轉移」跟 SE® 的「滴定技術」與「擺盪技術」，當下給予協助。

「年齡回溯」步驟與解說：

① 引發症狀並且定位

當來訪者的情緒被觸發，他可以對內去觀察自己的身體，有哪些對應的不舒服反應，比方身體可能感覺到緊繃、壓迫感，或是其他任何不舒服的感受。

這時可邀請來訪者把自己的手，放在這個不舒服的感受（身體某部位），比方有人會說胃感覺悶悶的，就請他把手放在胃的位子，這個動作是為「定位」。

在來訪者的症狀定位好之後，記得請來訪者向出現的症狀表達歡迎，以下有幾個「歡迎」例句供參考：

「歡迎，歡迎，歡迎」

「這很有趣，我相信這個發生一定是有道理的」

「你（指症狀）一定很重要，所以才會出現在這裡」

「問問看症狀願不願意與你溝通？」

在最一句，詢問症狀願不願意溝通之後，你必須得到肯定回應，才能繼續下去。

還有，要帶領來訪者「分裂」成二個，一是「症狀」，二是「更大的自我」。

也許你會好奇，明明就是一個人，為何說要分裂？那更大的自我又是怎麼一回事？

我換個方式說明，家族治療大師薩堤爾曾這麼說：「你有很多不同的部分。」

為什麼？

因為當我們這樣做之後，就有一個大的我，在這個更大的我下面，會涵容很多平等的部分，比方有想認真的部分，有希望享受的部分，有奮力一戰的部分，也有懦弱想逃的部分，這些看似衝突，其實部分之間又彼此互補。

「互補」就像維持身體內的物種多樣性，相對的若頑固僵化，只有對錯的二元性觀點，容易造成病態的自責，而互補則使我們對於不同的環境，能保有應對的彈性。例如：在好公司全心投入工作是件好事。但是，如果這是一個壓榨型的公司環境，全心投入代表你要付出更多，最後終將崩潰。

相同的概念在催眠中也常使用，艾瑞克森便說：「哪裡有分裂，哪裡就有催眠。」

我們把思想分成意識跟潛意識來製造混淆，依互補概念，在催眠中也許可以這麼說：「你的意識可能已經知道，但是你的潛意識還不知道；或者，你的意識還不知道，但是你的潛意識已經知道……」如此一來，便能造成來訪者陷入恍惚狀態中。

在**與症狀溝通**或**年齡回溯**中，我們把症狀跟來訪者分裂成兩個，一方面有「外化」的功能（你是你，但你不是你的症狀）。另一方面，分裂成兩個之後，可以協助來訪者定錨在「現在的我」的身分，只有在這個身分──他擁有現在的能力、資源，而他正可以利用這個身分協助「過去的我」（如果沒有分裂，在年齡退行中，就只有這個過去的我）。

因此，催眠師在處理症狀跟年齡回溯時，一定要先做好這個分裂的

工作。

② 取得症狀的正向意圖

「你想為＿＿＿＿＿做什麼？你想幫助＿＿＿＿＿得到什麼？」

空格內請用來訪者的名字。如果出現來訪者希望得到的幫助是負面陳述時，請使用「當你得到（負向陳述），這可以幫助你得到什麼更重要的？」問句，直到你可以接受的正向意圖才繼續。

這裡在取得正向意圖後，催眠師有兩個選擇，一，通常我會先選擇「保留症狀的正向意圖，改變它的行為」；如果行不通，我才會改用「年齡回溯」的方法。以下分別解說這二個方法：

方法一：「保留症狀的正向意圖，改變症狀的行為」問句

「謝謝你（症狀）讓我們知道這麼多。」

「我想請你（來訪者）問問它（症狀），它知不知道它的意圖很好，但是它的行為正在讓你受苦？」

症狀通常會知道，如果它回答不知道，你就請來訪者告訴它：「你現在知道了。」

「問問它，願不願意保留這個好的意圖，換一個對你更有幫助的方法？」

內在的部分為整體而存在，所以通常都會表示「願意」。

萬一它回答不願意，這可能是另一個內在的部分出現，那你就要回到前面問句，即繼續使用正向意圖的問句，直到獲得不願意（關心的）部分的答案是正向意圖的字句，才能再回到「方法一」繼續。

最後，請來訪者找到幾個更好的幫助辦法後，你可以請他選擇一個

方法來試用一週，過程中如果有什麼問題狀況，再請來訪者來找你。

方法二：「年齡回溯」問句

執行年齡回溯時，最好最有效的資源是來訪者自己，如果來訪者實際年齡還未成年，我個人建議不要執行年齡回溯，請想想其他方法。以下為「年齡回溯」腳本。

「請你繼續感受到手上位置的不舒服，等一下我要問你一個奇怪的問題，請你不要用腦袋想答案。我們跟潛意識溝通唯一的辦法仍然是透過意識，所以，等一下當我問這個症狀問題的時候，請你放空你的腦袋，不要想，讓意識成為一個接受器，不要主動思考，而是放空你的腦袋，看看有什麼突然跑上來。也許是一個聲音、影像、身體性感受、一個回憶、一句話、一個畫面，不要去分析合不合理，不要修改你的原始訊息，只要一出現就告訴我。你了解我所說的意思嗎？」

在這裡，務必多點時間等待來訪者，且必須得到肯定的回應。

「我要你碰觸這個部分，問問它，你幾歲？不要想，現在，憑直覺告訴我，它幾歲？」

「當你聽到這個年齡的時候，有任何的聲音、影像、身體性感受、一個回憶、一句話、一個畫面浮現嗎？」

這時來訪者可能會引發年齡退行，意思是來訪者心智年齡會回到事件當時的年紀，這會很危險，因為小時候的他沒有資源，所以，我們必須再一次分裂，幫助現在年齡的他解離出來，好來幫助催眠師協助那個內在小孩。

「現在坐在這邊跟我說話的（來訪者名字）是幾歲？」

有可能來訪者會說6歲，就是他內在小孩的年紀，催眠師不用驚慌，你只要跟他說：「我知道它幾歲，我想問的是，坐在這裡跟我一起工作的（來訪者名字）現在幾歲？」

「現在這＿＿＿＿＿歲的（來訪者名字）有什麼資源跟能力，是那個＿＿＿＿＿歲的小時候的自己所沒有的？」

這個能幫助來訪者得以用現在擁有的資源，回去幫助那個內在小孩。

「你願意給那個＿＿＿＿＿歲的自己一個擁抱嗎？告訴它，你現在安全了，我已經長大了，我現在有能力來幫助你。」

催眠師這時可以協助來訪者保護自己的內在小孩，並回到事件中改寫事件。

如何處理並改寫事件，沒有制式的作法，催眠師需要很多自己的生命經驗，還有慈悲心，然後能感受來訪者的痛，同時在過程中思考，怎麼做可以幫助眼前的內在小孩得到安全跟愛。

大體上就是說出當時想說的話，完成沒有完成的反抗，理解自己並沒有錯，這可以讓人釋放罪惡感，同時也可以理解加害者其實也是另一個被害者，不過我也要說，理解不一定需要原諒，畢竟原諒對被害者而言是一個奢侈的詞。

但是，這能幫助來訪者理解「事件都過去了」，這是歷史不是未來，藉由釋放掉那個事件後，他才能得到自由。

清理完事件後，催眠師確定內在小孩已經感覺到安全，也感受到愛，就可以邀請來訪者把這個內在小孩抱起來，進入自己的身體、滋養並且得到力量。最後，可以保留經驗上的學習，但要釋放掉所有事件裡

的人、事、物。

接著再詢問來訪者有沒有感覺到任何負面情緒或傷害感,最重要的是必須沒有罪惡感,如果來訪者表示都沒有了,就可以慢慢喚醒他,進行一點交流。

做「年齡回溯」時,有以下幾點事項必須注意:

● 執行催眠治療一定要錄影,至少要錄音,仍建議最好要錄影,如果來訪者詢問理由,你可以回答是為之後檢查case備用,錄影是為了保障催眠師自身安全,不被誣賴。

● 執行前建議要先詢問對方目前實際年齡,紀錄下來。當然,催眠過程中如果忘了,你可以詢問他:「此時此刻在這裡跟我(催眠師)工作的是誰?能不能進去幫助裡面的小孩?」

● 找到每個事件的年齡,大概是什麼事,這些你要記得,最好拿小紙條紀錄。

● 然後問問他有沒有宗教信仰,如果有,可以依他所信仰的神帶領想像與連結,那會成為他的重要資源。如果沒有,就需要多做一些工作。比方請他想像讓他安心的人或物。如果回答都沒有,就問問他小時候,當他覺得痛苦的時候,哪裡是他的避難所。

● 愛跟歸屬感是人一輩子都在追求的東西,這是很大的資源,你可以問來訪者小時候最喜歡吃什麼?誰做這些東西或帶這些東西給他吃?這就是一個小時候很棒的愛跟歸屬感的連結。

● 年齡回溯有「真性回溯」方式,即身歷其境的回溯;與「假性回溯」方式,就像看電影一樣。我強烈建議,為保護來訪者安全,最好是

以看電影的方式去做。

- 回溯幾乎可以處理所有的問題，只是來訪者在過程中可能出現各式各樣的狀況，因此催眠師的心臟要夠強。

- 可能來訪者說的事件是假的，但是能量狀態一定是真的，或許你要處理的是一個隱喻，你也仍是真實的在跟他的能量場工作。

- 如果來訪者陷入創傷事件，請立刻要求他張開眼睛。睜著眼睛處理創傷事件有助於來訪者保持解離狀態，也比較容易維持在容忍窗的範圍，同時不致引發年齡退行而找不到資源。

- 如果催眠師在與來訪者談話時，已經知道可能會是一個創傷經驗，要求來訪者想像一條「時間線」，這樣會比較容易帶解離，然後請他飄到時間線上方，再執行回溯會比較安全。

- 不管遇見什麼情況，催眠師都不能慌張，一旦慌張，案主會更慌張，狀況發生時，你可以先告訴案主：「那滿好。」來穩住當下，接著催眠師可以自己想像一個心中的大師，想像他會怎麼說，會怎麼做，這會讓自己有了資源而不慌張。

- 催眠師就是造夢師，來訪者在自己的心靈世界他是主人，在使用NLP 的次感元技術來幫助來訪者時，催眠師可以像這樣引導：「你可以像看電影一樣，拿遙控器，關掉聲音嗎？」那樣一來恐怖片沒有聲音就不恐怖了。或：「既然可以靜音，你現在也可以改變背景音樂，你可以想起一段卡通的音樂嗎？」你引導放入一個卡通音樂在裡面，就可以改觀事件的體驗。

- 可以摸來訪者的額頭，說：「把這些東西都擦掉、擦掉。」好讓

他從事件裡解離。如果無法繼續，就先請他做幾個深呼吸，回來當下。

- 做回溯最大的風險是，不能保持來訪者解離在事件之外，如果發現來訪者無法解離，最好的方法就是帶他回來。比方，你可以在來訪者頭部上方用力拍手，說：「現在，打開眼睛，看上面，注意看上面，看這裡。對！回到這裡來。」

- 如果來訪者不能說話，可以摸摸他的喉嚨說：「在催眠狀態裡也是可以說話的，你現在可以說話了。」

德派催眠雞尾酒療法是一個仍在演進中的動態過程，講求綜效，沒有門派概念，仍繼續吸收新知，做各式各樣的嘗試跟創新，並以來訪者的利益為中心，這些是我的唯一考量。

也因為每年從PESI、Psychotherapy Networke以及艾瑞克森基金會的講座中持續吸取新知識，讓我能不斷地改變授課與實做，這也讓我的講師培訓群老跟我抱怨：「阿德，怎麼你每年教的都不一樣。」

於是藉著本書，我將所學的催眠用一個最基礎的模型定下來，讓夥伴有個可以依循與複製技巧的方向，並且期待他們也創造自己的可能。

對我來說，華人一定要有一個屬於自己的催眠大師！不管未來是破壞性的創新，或者是改革性的創新，都需要堅實的技巧跟能力，而德派催眠也始終立志培養更多催眠師具備這樣的實力，直到華人圈具備足夠的量變，那就一定會產生質變。

我們如果夠堅持，讓催眠治療成為一門技術，像詩歌一樣普及，那麼就算我這輩子看不到，下一代也會有屬於華人的催眠大師出現，讓我們一起共勉。

PESI
https://www.pesi.com

Psychotherapy Networker
https://www.psychotherapynetworker.org

艾瑞克森基金會（The Milton H. Erickson Foundation）
https://www.erickson-foundation.org

催眠在自我開發能力的運用

從一百年前法國催眠師庫埃提出「每一天，在每一方面，我都越來越好」的自我暗示開始，「催眠」一直都是最好的自我暗示跟自我開發的工具。

以下，推薦源自吉利根、Robert Dilts 及 Tad James 所開發的自我催眠技術，這些是在沒有要處理任何症狀時，我們可以自己嘗試的催眠自我開發技術，通過以下自我潛能開發的工具，會讓人知道：「你一切很好，甚至可以更好！」

▸▸ │ 中正狀態

「中正狀態」是吉利根所開發，英文原名是 C.O.A.C.H. State，縮寫展開後，分別是：

Center 回到中心　　　Open 開放自己　　　Amareness 覺察

Connected 連結　　　Holding 維持

吉利根認為，人有三個中心點，分別代表意識（腦）、心智（心）

以及身體中心（丹田），一個好的狀態需要這三個中心同時啟動，並且有連結跟流動。

中正狀態是一個互補並存的狀態，不會太緊也不會太鬆，在這個狀態裡，我們既專注又放鬆，整個人進入近似心流（FLOW）[12]的狀態。

我剛接觸到中正狀態時，並不覺得它很厲害，當時還認為這不就是心錨的變形，只是它不必借用過去資源就能創作出心錨。

然而，在跟隨學習兩、三年後，C.O.A.C.H. State 成了我最快回到內在寬廣空間的咒語，它確實的成為屬於我自己的生生不息的心錨。

以下是我改寫的《自我練習中正狀態》腳本：

① 雙腳打開與肩同寬，感受到你的腳牢牢的抓住地板，想像自己的腳長出根來，牢牢的抓住地面，從地板延伸到地面下的土壤裡，想像自己穩穩牢牢的抓住地面，然後帶著自己的身體往上生長，不斷地向上生長。

② 等一下，我要你做個深呼吸，當你深呼吸的時候，想像吸氣時飛上天空，穿過白雲，看見陽光、能量、水。吐氣時想像自己把陽光、能量、水從天上帶下來，貫穿你的腦，這是你意識的中心，貫穿你的心，這是你心智的中心，貫穿你的丹田，這是你身體的中心，然後隨著雙腳流洩下去到地板裡面。現在，再做個深呼吸，你可以想像吸氣時飛

註12「心流」，是由匈牙利裔美籍心理學家米哈里・契克森（Mihály Csíkszentmihályi）首度提出。指個人做某些事情時全神貫注、投入忘我的狀態，這種狀態下，有人甚至感覺不到時間的存在，當心流產生時，同時會有高度的興奮感及充實感等正向情緒。

上天空，穿過白雲，看見陽光、能量、水。吐氣時想像自己把陽光、能量、水從天上帶下來，貫穿你的腦，這是你意識的中心，貫穿你的心，這是你心智的中心，貫穿你的丹田，這是你身體的中心，然後隨著雙腳流洩下去到地板裡面。想像自己就沐浴在能量的瀑布裡面，或者，你不喜歡水，也可以想像金黃色的光或者任何顏色或其他靈性的經驗。隨著吐氣想像把這些能量從天上帶下來，想像這些能量穿過你的腦，穿過你的心，穿過你的丹田，隨著雙腳流洩到地板裡。讓這些能量貫穿你，洗滌你。（步驟②請做兩、三回後，再往下繼續）

③ 現在請感覺這個能量隨著你的呼吸，在身體的中心軸位置上，隨著一呼一吸的上下來回移動著。好像自己身體有一個中心軸，感覺一下，如果這個中心軸中有一個點，是你身體的中心，那會是在哪裡？把手放在你的中心點上，不要想，去感覺，不要擔心會做錯，因為，每一次當你尋找中心點的時候，都有可能會改變。假裝你知道，就把手放在那裡。有些人可能會在胸前，有些人在橫隔膜，有些人在丹田，去感受，你不會做錯。

④ 感受到這個中心點，你能量的中心，維持跟這個中心的連結。首先，你得是你自己，你才可以還是誰，維持跟自己中心的連結，然後把雙手向外打開，開放你自己。當我維持跟自己的連結後，我就可以開放我自己，連結外在的萬事萬物，連結我自己的中心，首先你得是你自己，開放自己連結外在的事物，因為我還可以是誰。

覺察這個自我與外在連結的狀態，維持住這樣的狀態，自然的呼吸，享受能量的流動。自我……世界……連結……開放……維持……覺

察……感受自我的無邊際與自我的消融……中心……開放……連結……覺察……維持……感受能量的流動……一種既有自我……又有超越的狀態……記住此時此刻的身心狀態……用身體……慢慢把手收攏，回到你的中心點……做幾個深長的呼吸……當你準備好，就可以張開眼睛回到這裡來。

解說：

這有點像是練氣功，第一次進入中正狀態時，需要很多的引導，多做練習後，你的身體會幫助你記住這個能量的自然流動，既不會太緊，也不會太鬆，接下來的幾個練習，也都是以中正狀態為基礎的練習。

如果在剛剛的練習裡，你有一些內在自我對話之類的雜音，可以繼續做下面「三顆種子」的練習，這是吉利根提出協助靜心的方法。

「三顆種子」腳本：

① 進入中正狀態。

②（左手打開呈手心向上姿勢）想像左手掌心被宇宙的愛放上三顆種子，你會發現這三顆種子是有顏色的，也會發現種子是有形狀的。

③ 請把第一顆種子，用食指和大拇指捏起來，你能不能看到這顆種子的顏色和震動，找到那個有意圖的微調，去感受能量的震動，這是我們療癒的種子。它帶著很深沉、很健康的根莖。當你準備好，把它舉過頭頂，和最高至上的智慧合一，當你準備好，可以把這顆種子透過頭頂落下來，感受自己接受那個靜……療癒你的身體，吸收靜……放掉。接收這個靈魂的藥物，帶著那個深沉療癒的靜。

然後，我們拿起第二顆種子，這是沉默的種子，感受靈魂的能量的

震動，那是種子本來的樣子，感受你自己口語的心智在哪裡？它的空間的位置在哪裡？當你準備好，就把這顆種子落下來，感受你去吸收，透過你整個口語心智沉默……不是要去把任何語言上的覺察拿掉，只是打開一個很空曠的沉默，去抱持口語的心智，沉默……放掉。

第三個是心智，想到你外在世界的空間，你的家庭，你的朋友，你的社會圈，也許現在你只想專注於一個家庭成員、一個某人、一個你正在掙扎的朋友，就讓自己去感受，去拿起第三顆種子，那個空曠的種子，當你感受到它的震動、共鳴，可以把那顆種子舉起來，把這個空曠帶到你的頭頂。當你準備好，可以輕輕地放到那個心裡的關係中，像是在水池裡泛起漣漪一樣，開始擴散，感受你的心智打開越來越寬，更廣，更平靜，那是很美的，很龐大的空間，去把這個關係的場域抱持著，可以感受到那個空曠充滿著愛和慈愛的場域，用那個方式和每一個存在說歡迎……歡迎……歡迎。

▶ | 身軀教練在心理治療上的運用

當人們卡住的時候，我們常常發現他們是跟自己沒有了連結，感覺上陷入旋轉的狀態，像是失去重心而不能接地，這些情況可能是你與感覺失去連結，也可能跟自己的身體失去連結。

通常這種失去連結的情境，會使我們陷入問題中，換個角度想，如果我們可以讓人重新跟自己、跟身體連結，跟情緒感受連結，我們就能讓問題不再是問題了。

就NLP而言，我們認為心理狀態（state）決定你與周遭事物的關係。一個糟糕的的心理狀態促成一個糟糕的關係而成為問題。換句話說，一個好的心理狀態可能成為一個解答，因此改善心理狀態的方式，通常是引入資源。

大多數NLP引入資源都是以認知行為的方式處理，這裡要示範的是以身軀方式引入資源。

你可以從現在呈現的狀態發想，去找到一個在挑戰中失去與自己連結的例子。那可能是戰或逃的反應，或是整個人產生凍結的感受，有點失去人的品質，或作為一個人應有的感受，更簡單的說法就是「找不到資源」，感覺到自己陷入越來越受到限制的狀況。

接著，我們要來訪者使用後設位置（META Position）進入這種中正狀態，並且帶著覺知進入，感受在這個狀態中所有的五感經驗，然後練習帶著身軀的中正狀態面對挑戰時，仍然能維持身軀的中正狀態。最後，再帶著這個穩定的身軀中正狀態想像進入原來的問題，看看會發生什麼？

這不是治療，反而更像是練習。

以下是建立關係、建立場域的「**身軀教練**」練習，步驟腳本源自Robert Dilts版本。

① **邀請案主進入卡住的狀態**：在這個步驟裡，我們要注意案主的身軀姿勢，他們通常上半身的肩、頸、胸口等比較緊，而很少跟自己及下半身連結。我們需要覺察案主與自己的感覺、情緒、身體是處於何種連結狀態。

催眠師：「當你進入這個情況（挑戰）時，那像什麼？發生了什麼？感覺一下你身體的能量是怎麼流動的？」

「當你有一個情緒上來的時候，覺察一下，你怎麼知道你有這個情緒上來？你的身體是怎麼樣流動的？」

讓案主描述，我們觀察他的身軀姿勢所展現的身體線索。

「這讓你想到什麼……任何的畫面？聲音？感覺？回憶？」

（步驟①的目標是讓案主聚焦在，問題導致他產生的身心分離是如何發生的？還有這個程序是如何發生跟進行的？）

「這個感覺你熟悉嗎？在日常生活中，你多常出現這個狀態？」

案主自己覺察的能力是重要的，Robert 舉例說過，有一次他發現案主有內在對話的習慣。他問案主：「你會有內在對話的習慣嗎？」案主自言：「我有內在對話的習慣嗎？」然後抬頭說：「沒有。」Robert 又問：「我的意思是，你好像會重複別人的問句？」案主又自言：「我會重複別人的問句嗎？」然後說：「我不會。」

從這例子可見，自我身心連結的重要，而身軀教練正是要來訪者回到自己身心連結的狀態，當一個人維持住跟自己的身心連結，就是最大的資源，而連結自己的身心中正，要從覺察開始。

② **離開問題區**：要來訪者退後幾步，離開陷入問題中的自己，進入觀察問題中的自己的位置（後設位置）。

觀察在問題區中的自己，並覺察他是在跑一個被設定的程式，然後你會發現，我們其實可以脫離這個程式，就像現在，你可以讓自己決定要讓哪些事情發生。

可以問他：「這是你不想要的，那對你而言，在這個情況下，你想要什麼？」

③ 與資源連結：帶領來訪者跟身心連結。以下為引導腳本：

我們要做一點小冥想，請你把腳打開與肩同寬，做個深呼吸……吐氣的時候，讓自己完全放鬆下來……很好……

感覺你的雙腳，腳跟地板的接觸，不只是感覺到，我還要你想像，用內在的視覺清楚的看到……

讓它從平面的感覺擴展到3D立體的感覺，不只是腳掌，腳趾頭，還有腳背的肌肉，腳的骨骼，筋絡……擴展你的覺察到腳踝……清楚的感受並看到……往上擴展到你的小腿……大腿……骨盆……到腹部……感受到丹田……這是你身體的中心……彷彿有一個能量的中心被點燃……爆發……清楚地感覺到那個連結……

做出你的宣告：「我在這裡。我存在。」

真實的去感受這個連結……也許你自動的調整了你的呼吸……

你可以讓這個連結繼續擴展……沿著脊髓往上……你的橫膈膜……擴展到你的肺……你可以感受到從腳底延伸上來的能量……你整個身體是立體的……真實的……真實的感受到它……到你的胸腔……到你胸腔的中心……這是你的心智的中心……讓能量從丹田往上到你的心……你心智的中心……當你連結到心智的中心，你可以感受到另一個能量的中心被點燃引爆……並且向外宣告：「我是開放的。」

再一次接觸你的丹田的能量……做出宣告：「我存在，我在這裡。」

再帶著那個能量接觸你心智中心的能量……做出宣告：「我是開放

的。」

　　繼續擴展到你的肩膀……手臂……感受自己的身體是立體的，真實的……你的手指……繼續往上到你的脖子……下巴……舌頭……臉頰……你的鼻子……眼睛……整個頭部，立體的，真實的……並感覺到在你的兩眼之間……有一個腦的中心也被點燃……向外輻射它的能量……這是你意識的中心……真實的……感受它……

　　連結到你意識的中心……

　　連結到你心智的中心……

　　連結到你身體的中心……

　　連結到你的全身……

　　同時，把注意力放在你的腦……你心智的中心……然後做出宣告：「我是覺察的，我是警醒的。」

　　現在……藉由三個能量中心被打開……你可以感受到有一個空間……就在你的周圍……比你的腳還低……進入地底……比你的頭還高……進入天空……你連結三個能量中心打開一個空間……繼續維持跟身體的連結……你可以同時維持跟身體的連結……也同時維持跟空間的連結……然後做出宣告：「我是連結的。」

　　感受此時此刻的一切，再一次感受到雙腳的接地……吸氣的時候想像有一股能量從腳底上來，打開你的丹田，你身體的中心，我存在，我在這裡……打開你的心，你心智的中心，我是開放的……打開你的第三眼，這是你意識的中心，我是警醒的，我是覺察的……打開一個場域，我是連結的……繼續感受發生中的一切，讓身心記住這一切，並把這個

狀態帶回來。

④ 維持連結，練習將外力卸載。

「這是一個很好的身心狀態，更好的一點是我們接下來要練習在遭遇現實挑戰的時候，如何繼續維持這個狀態。」

催眠師要請來訪者維持步驟③的狀態，也隨時在引導過程中藉由剛剛建立的身心狀態咒語「我存在，我在這裡、我是開放的、我是警醒的、我是連結的」提醒他回到狀態裡。

來訪者維持狀態後，催眠師可以輕輕的推來訪者，教來訪者將力量引導到地下，這個的重點在鬆開身體，但關節不鎖死，當外力進來的時候，將身體往下沉。

催眠師在確認來訪者可以往下接地卸載外力後，逐步增加推力，協助來訪者學習，同時，要求來訪者繼續保持在身心一體的狀態。

確認來訪者已經學會接地後，可開始講解像是「合氣道」或「太極拳」的卸載外力與維持重心的移動方式。如果你看過人家打太極拳，一定能觀察到，當外在攻擊過大時，他們如何借力使力，即先閃避再迎合外力，全程都是讓自己要能維持在身心合一的狀態。

這個階段催眠師扮演攻擊者去用力推動來訪者，來訪者要能維持身心合一狀態，順勢轉動身體，卸掉攻擊力量，並維持身心合一狀態。

「不管什麼能量進來，你都可以接地卸載。」

⑤ 帶著新的身軀能量，進入問題區。

「看看帶著新的能量進入原來的狀態，會使事情變得如何不同？」

（注意在過程中協助案主維持身軀能量）

連結到你意識的中心……「我是覺察的，我是警醒的。」

連結到你心智的中心……「我是開放的。」

連結到你身體的中心……「我在這裡。我存在。」

連結到你的全身……「我是連結的。」

當來訪者練習好在被攻擊時，仍然能維持步驟③的身心狀態，就可以將這個狀態帶回問題狀態，我們也會看到「問題不再是問題」。

▸ | 手上抬

艾瑞克森很喜歡做「手上抬」，他會讓來訪者把手抬到一半的時候，再請他們睜開眼睛，讓他們「看看這是誰的手」。這是非常詭譎的，卻也是催眠「已經發生」的證明，來訪者會被說服：「我身體裡面住著一個比我更大的力量叫做潛意識。」

通常在來訪者看手的時候，艾瑞克森會繼續說：「當你的手碰觸到你的臉，一個你很想要知道的答案，就會得到解答。你的意識也許會明白，或者你的潛意識不願意你的意識明白，但是，潛意識會得到答案，我不知道他會是今天就讓意識明白，或者一週，一個月，也許永遠，但是，問題會解決。我好奇等一下當你的手碰觸到你的臉的時候，是哪一根手指會先碰到……」

在手上抬的催眠引導過程中，當手碰到來訪者的臉，來訪者就變成另一個人了，在此之前他覺得問題無法解決；但在此之後，來訪者有了前提假設，所言所行都會朝著問題有解的方向走去，這是在「手上抬」

的催眠過程中引出的「相信力量」。

這種相信的力量也是我們在催眠中要大量運用的，曾經有人跟班德勒抱怨他不能進入催眠狀態，班德勒也真的和他搞了兩三個鐘頭都進不了催眠。當時班德勒很生氣，就把桌子上的杯子藏起來，然後說對來訪者說：「待會兒睜開眼睛，你會看不到桌子上的杯子。」

對方睜開眼睛的時候，整個人都呆掉了：「杯子真的不見了。」

接下來，班德勒要他做什麼他都可以了。

不過，偶爾也會有些突發狀況，比方，如果手上抬懸空後，忽然又掉下去怎麼辦？要記得，任何狀況都有可能出現。

吉利根就有一個例子：

有一次，他遇到基本上很服從權威的陸戰隊士官長，但士官長說：「我一直無法體驗催眠。」

吉利根對他說：「所以你也可以體驗一下，現在我要你有意識地把手往上抬，很好，更慢一點點，更慢一點點。我要你慢到沒有辦法分清楚，到底是你的意識讓手往上抬，還是你的潛意識讓手往上抬？」接著，就看到來訪者的眼睛進入恍神的狀態。

以下為手上抬腳本，前半為 Tad James 的，後半段則是我自己的版本，完整內容如下：

「請你放下紙筆，往前坐椅子的一半，請你把手借給我，像是這樣子，我要請你輕輕地把手放在大腿上，你的手感覺到有接觸，但是大腿感覺不到手的重量。注意，看著我，當你感覺不到手的重量的時候，請你看著我，像我這樣急促地用力吸氣，你的手離開大腿的人請舉手？很

好，知道為什麼手會離開大腿嗎？因為身體往前只坐椅子的一半，後面有一個空間，對吧。

這時候請你急促地吸氣，有多少人發現自己的手抬起來了？

我很好奇，在你的意識與潛意識當中，會不會有競爭？你的左手會忌妒右手嗎？你的右手會忌妒左手嗎？很好啊，我會很好奇。然後你的左手可以動動，右手也可以動動。更有趣的是，如果你的意識更放鬆，你的手指頭也可以動，對，動動動動動，對，動動動動動，很有意思的是，一開始是意識，後來好像是潛意識，你分不清楚，總而言之，就是允許你的手動動動動動，你的手指頭動動動動動。」

一般來說，手上抬催眠過程中，腿會比較感受不到手的重量，因為你手的狀態是呈現僵直的、懸空的，所以當急促吸氣身體向後仰的時候，手就會離開大腿。

過程中，如果發現有人的手是重重的放在大腿上，我會對他說：「可以讓你的手放得更輕一點？可以更輕一點嗎？很好。還可以更輕一點嗎？」一直到他的手進入僵直的狀態。接著，我會輕輕的托著對方的手腕處，大拇指由下往上頂，另外四個手指放在手臂上，然後慢慢把姆指拿起來，再把手輕輕拿開。這樣他的手就會僵直懸空在這裡，接著再用語言引導對方抬起來。

▸▸ | 能量球

帶完手上抬，有時我會接著做能量球活動，因為雙手上抬之後，只

要把雙手手掌往內相對，就正好能帶領能量球的活動，這時來訪者也因為雙手剛剛感受到上抬的能量，正可以配合能量球所需要的暗示。

「能量球」能夠培育任何的資源狀態能量，大家可以善用這一項簡單技術。

以下為示範腳本：

催眠師：「我要你想像更多的事情，我要你把手轉成這樣子（手心相對），看著你的手心，想像這裡有個能量球，這個能量球會是什麼顏色？」

來訪者：「粉紅色。」

催眠師：「粉紅色的球而且好像有能量在流動對嗎？」來訪者點頭。

催眠師：「然後你每次吸氣的時候它就會變大一點，對，每次吸氣的時候它就變大一點，越來越有能量，越來越有能量。現在它有什麼變化嗎？」

來訪者：「變大了……」

催眠師：「很好啊，繼續看著這個能量球，看著它越來越像金色的。如果有一個特質，是你希望在能量球裡面培養長大的，那會是什麼？」

來訪者：「同理心。」

催眠師：「請你把你想要的同理心共情的特質，現在就放進能量球裡面，讓它孕育長大。每次你吸氣的時候，就看到能量球裡面那個同理心共情的特質，會成長變大。

你也可以想到一個你心裡的典範，同理心共情的模範，然後把他的特質放進能量球裡面，那個同理心共情就會更長大……繼續讓你感覺到

那個能量的流動，並充滿這整個能量球。甚至你會感覺到能量球顏色的變化。很好，我們繼續感覺能量球，充滿同理心共情特質……現在，邀請你的創意出來，讓能量球變小但是保持裡面能量的不變，讓能量球縮小到適合放進你的身體裡的大小，很好，請你的創意幫助你，把能量球和裡面的同理心共情，以及你的模範給予你的禮物，放進你的身體裡面。感覺到能量球進入到你的身體裡面，融入到你此刻身體的中心點裡面。很好，感受培育好的同理心，共情的能力，典範的祝福，擴散到你的全身，享受你全身上下充滿這樣的能力與祝福的感覺。甚至於會往上衝出你的天靈蓋，往下進入到地板，讓你完完全全地沐浴在這個裡面。當你感覺到自己完完全全地融合在這裡，和這個新的能力融為一體的時候，就可以做幾個深長的深呼吸，然後就可以回到這裡來。」

▸ | 三種原型力量

當來訪者的問題大到連他自己都不相信可以處理的時候，就是三種原型力量上場的時候，三種原型力量原來是吉利根的方法，而且是放在能量球裡培育。

吉利根的方法比較複雜，就算我親自跟他學習過兩次，仍然很難上手，直到發現 Robert Dilts 的版本，他的就容易多了。這個資源賦能的技術是非常強大的技術，我鼓勵所有助人工作者都要學會這個方法。

做三種原型力量要先建立來訪者的前提假設，我們可以用一個比喻讓來訪者接受原型的概念，因為它必須是與生俱來、集體潛意識，並且

同意他具有這樣的潛質與力量，這三種原型力量分別是：「猛烈的」、「溫柔的」、「好玩的」。

　　吉利根是以嬰兒隱喻來獲得來訪者的認同，畢竟每個人都曾經是嬰兒，因此也都與生俱來擁有這三種原型力量。

　　我簡單說明這三種原型力量的「前提假設」：

　　你曾經在半夜聽過嬰兒的哭聲嗎？一個嬰兒那麼小，但是當他餓了或不舒服的時候，他用他的哭聲表達他的需要，那個哭聲甚至足以叫醒整棟大樓的人。所以，嬰兒是不是具有猛烈的力量？

　　一個嬰兒也那麼柔弱，可是卻能喚醒每個人內在的溫柔，當你要抱嬰兒的時候，你好怕傷害到他，你會竭盡全力去保護這個生命，所以，嬰兒具有喚醒每個人溫柔的力量。對不對？

　　一個嬰兒當他被照顧好，睡飽了，他會開始尋找人臉，當你觸碰他的臉，他就會笑，嬰兒喜歡跟人玩，而我們也會被他的笑臉所感染，也感受到嬰兒好玩的那個部分，所以，嬰兒具有天生的好玩的力量。

　　以下「三種原型力量的操作」，是參考自 Robert Dilts 的腳本：

　　首先，要設定操作的空間。

　　在地板上畫上一條線，或者想像一條線，將空間區隔成兩個區域，一個是資源區，一個是挑戰區。

　　我們讓來訪者在挑戰區描述問題，設下空間心錨後，請他離開挑戰區（這是打破原來身心狀態，避免來訪者受到問題的影響），然後進入資源區，所有資源引入過程都在這個區域工作，當來訪者透過想像，改變了他的身心狀態後，請他帶著這個新的狀態，進入挑戰區，看看這個

帶著資源的狀態如何改變原來的問題。

　　取得三種原型力量活動：在這個取得三種原型力量中有一個前提，必須選擇來自「你所欣賞的」人、動物及大自然現象，然後才去想像與連結。

　　「第一輪」：猛烈的
　　● 人：＿＿＿＿＿＿＿＿＿＿＿＿＿＿＿＿＿＿
　　● 動物：＿＿＿＿＿＿＿＿＿＿＿＿＿＿＿＿
　　● 大自然現象：＿＿＿＿＿＿＿＿＿＿＿＿＿
　　取得能量後，進入挑戰區，看看這個會使問題變得有什麼不同。
　　「第二輪」：溫柔的
　　● 人：＿＿＿＿＿＿＿＿＿＿＿＿＿＿＿＿＿＿
　　● 動物：＿＿＿＿＿＿＿＿＿＿＿＿＿＿＿＿
　　● 大自然現象：＿＿＿＿＿＿＿＿＿＿＿＿＿
　　取得能量後，進入挑戰區，看看這個會使問題變得有什麼不同。
　　「第三輪」：好玩的
　　● 人：＿＿＿＿＿＿＿＿＿＿＿＿＿＿＿＿＿＿
　　● 動物：＿＿＿＿＿＿＿＿＿＿＿＿＿＿＿＿
　　● 大自然現象：＿＿＿＿＿＿＿＿＿＿＿＿＿
　　取得能量後，進入挑戰區，看看這個會使問題變得有什麼不同。
　　「第四輪」：帶著三種原型的各三種不同的「人」、「動物」、「大自然現象」的能量，並且混合這些能量，在取得能量後，再次進入挑戰區，

看看這個會使問題變得有沒有什麼不同。

　　以上技術都很簡單，它們能慢慢訓練我們的身體及神經系統，不管是喚醒力量，還是找出你身上原本就有的資源，最後都能幫助我們，在狀況事件出現時讓人能夠自然應對。

　　「催眠」真的能幫助我們改善自我，改善他人，更能從「解決問題」來到讓人「好上加好」。

　　相信你在閱讀這本書後，再配合我在 YouTube 頻道所提供的教學錄影，應該是可以學到一門技術的。

　　我想把課堂上的課程如此廉價又實在的分享，最重要的原因是我常常提醒自己的，要「莫忘初心」！

　　曾經，我窮到沒什麼未來，那個時候接觸到催眠跟 NLP 的知識，它們讓我感覺有了希望，那時付不起學費的我，藉由一些免費的資源跟朋友的支持，慢慢充實很多基礎知識。現在我的日子還算過得去了，我常想，如果可以，我是不是也能留條路給一些跟當初的我一樣的人。

　　我希望各位能夠謹記，如果老天爺給我們機會，讓我們具有能力跟知識，是要我們能為社會做出貢獻，而不是成為掠奪者。

　　如果，你也能「莫忘初心」，成為一個願意幫助別人的人，看見人並且給出祝福。那我覺得，我如此努力且用心良苦的分享，一切都是值得的了。

催眠如何幫助我們

　　催眠能有些什麼幫助？我想再也沒有什麼比真實案例分享來得實在，以下我舉三個身邊朋友的例子，與大家分享。

　　故事一：
　　一位好朋友來找我，他說每次精神恍惚到要入睡前，就會突然驚醒，因此一直以來他都有入睡困難的情況。
　　我問他，從小到大一直都這樣嗎？還是從什麼時候開始才出現這個現象？
　　他說他小時候睡得很好，但是有一次家中發生一氧化碳外洩，全家中毒之後，他似乎從那時候開始難以入睡。
　　這給了我一個靈感：「他的潛意識並沒有遺忘這個經驗，還在幫助他不要死亡。」
　　於是我請他描述他的寢室，以及他如何開始日常的睡眠，我從漸進式的放鬆開始，再模擬進入睡眠，每一次他果然都會忽然驚醒。
　　我陪著他歡迎這個部分，然後告訴他的內在部分：「現在你很安全，

謝謝你一直保護更大的自己的安全，你現在有一個新的任務，要幫助更大的自己，好在清醒的時候有競爭力的專注，所以，你要幫助更大的自己得到好休息。」

接著，我在催眠中反覆引導他三次，好讓他重新學習如何進入好的睡眠。

第二天他跟我說，他已經很久沒有睡得這麼好了。

第二個故事是：

一位長得很瘦的朋友跟我說：「我嘴裡都嚐不到味道。」

她已婚，一直沒有懷孕。

我好奇問她：「妳是沒有味覺，還是沒有嗅覺？」

她說：「都不是，是覺得味道不如其他女性友人說的那樣吸引我。」

我這才恍然大悟：「妳是說妳不能享受味道？」她點頭。

我問她：「妳什麼時候開始決定不再享受食物的味道？」

聽到這個問句後，她突然眼眶泛淚，感覺喉嚨有點哽咽。

我對她說：「有點難過？」

她在幾個深呼吸後跟我說，她是留守兒童（在中國大陸因為父母都做農民工，小孩只好留守在老家），寄養在叔叔家，因為經濟狀況不好，叔叔嬸嬸對自己的小孩比較好，吃飯的時候，她喜歡吃的菜如果多夾兩口，就會遭白眼。

我問她：「那妳是怎麼度過這麼艱難的時刻？」

她說：「有的吃就很好了，還管它是什麼味道。」

我聽到的時候覺得很難過，我的眼眶也紅了，胸口有點悶，我問她：「好像有很強烈的情緒上來，是嗎？」

　　她說是，我繼續問她：「妳現在身體的哪裡感覺到反應最強烈？」

　　她說：「胸口。」

　　我請她把手放在胸口，只見她的情緒更強烈了，我再請她感受這個部分，並且跟它說：「歡迎、歡迎、歡迎，我看見妳了。」

　　「我要妳問問她，她幾歲？」

　　她說：「七歲。」

　　「那，現在站在這裡跟我溝通的妳幾歲？」

　　她說：「二十九歲。」

　　我問她：「二十九歲的妳有什麼資源是七歲的妳沒有的？」

　　她說了很多。

　　「所以，二十九歲的妳有一份工作，妳可以養活妳自己；已經結婚，有一個愛妳的人。如果妳有一個女兒七歲，她面臨妳當年的困境，妳會怎麼幫助她？」

　　她很堅決的說：「我不會讓她遇到我當年的情況！」

　　我說：「很好，所以妳已經有能力可以保護那個七歲的妳了。我要妳感受那個胸口的部分，告訴她，不要怕，我現在二十九歲，我有能力保護妳了。」

　　接下來，我們做了一些工作，最後我問她，七歲的時候她最希望吃到的東西是什麼？最想要得到的是什麼？可以找個時間帶著七歲的她去完成這些夢想嗎？

隔天她告訴我，從來不吃宵夜的她，那天晚上跑去吃了小火鍋。

不過我當時心裡真正想的是：「妳可以準備好生小孩了，因為妳已經長大了，可以保護小孩了。」

多年後，我跟她聯繫上，她說她食慾確實好了一陣子，但是原生家庭的困擾出現時，又會沒有食慾，不過我跟她做過的一個維持運動的「啾模式」治療，一直維持到現在，因為維持運動，也減低她很多的焦慮。她說有時在遇到某些狀況的時候，會突然想到上課當時不是很在意的某些隱喻，而且一直幫助了她。

喔！對了，還有她已經有了小孩。

再分享第三個故事：

那是一個快要生孩子的好朋友，對此她感到非常焦慮，因為好多朋友告訴她，生產有多痛、風險有多高等等，讓她隨著預產期的接近越來越焦慮。

課程結束前，我邀請她上台做示範，一個簡單的催眠放鬆後，我給她一連串的直接暗示跟隱喻：「女人比男人更得到神的恩寵，因為只有女人的子宮可以孕育出新的生命，而且幾百萬年來，依據演化的原則，大多數會難產的女人都被淘汰了，剩下的女人都是可以順產的女人（這不是科學，是暗示）。女人生兒育女有幾百萬年的歷史，每個女人的身體天生就知道怎麼生小孩，最不需要的就是用意識學會害怕。

我希望妳能喚醒妳的母性、妳的期待跟妳的喜悅，難道妳不好奇妳的寶寶會長成什麼樣子？他在妳的孕育下會如何成長跟茁壯，成為一個

更好的人？每次妳想到生產這件事，妳就會想到妳的渴望，妳的期待，好像妳現在感覺到的胎動，這是何等神奇的事，妳孕育著一個生命，妳創造生命，跟神一樣。妳會開始聯想到，小孩的長相，妳會如何享受跟他的相處，跟他互動，小孩的可愛還有妳充滿愛的呵護。

妳會在未來產檢的時候，聽到儀器傳來小孩的心跳聲時，同時想到小孩的可愛，還有妳的渴望跟愛。妳也會在即將生產的時候，把注意力放在妳的期待跟愛上面，一個有小孩的愛的生活，一個充滿母性的神聖的未來。」

以上三個故事是在同一時間同一間教室發生的事，我一年大約要做十幾場這樣的培訓課程。

然而也正因為這些真實故事激勵了我，每當我跟主辦單位溝通後，得不到期待的回應時，或被自己培訓出來的講師用低價競爭時，或身體吃不消長期沒有休息及舟車勞頓的生活時，一連串搞得我心灰意冷想要放棄時，總會有夥伴突然告訴我，他如何被改變了，即使我大都已經不記得那些故事。

坦白說，與其說我幫助了他們，不如說是他們幫助了我，靠著這些回饋，撐著身心狀況不好的時候，在在讓我依然能夠保持一定的水準，在課程中打起精神，努力傳承一個我自以為的「薪火」。

我心中有一個典範，正是在四維文教院推廣成人教育工作的王輔天神父，他曾告訴我，他的典範是薩堤爾，他說薩堤爾雖然未必認識他，但是他感受他的生命跟薩堤爾有很深的連結與啟發。我則在十八年近身

王輔天神父學習NLP與艾瑞克森模式催眠的機會中，透過教育的方式，我也跟著持續傳承人本關懷的典範，並努力彰顯一個人內在本來就俱足的價值。

NLP的核心精神之一，是所有的症狀都有一個正向意圖，換個角度說，只要我們夠同理心，可以給人信心、給人希望、給人愛，當來訪者能得到如此善意的支持之後，他也終將得到一個安全的空間，讓他們有一個立足點，重新再站起來。

甚至我想這樣說：「生命中如果有一個願意認真看你的『觀者』，你就一定會往更好的方向發展。」對這個說法，如果你有質疑，我舉課堂中常用的例子讓你明白：「平常我們獨自走在街上，我們隨意散漫，但是，如果對面走過來一個我們還看得上眼的人，我們會立刻縮小腹，挺起胸膛。最重要的是，這根本沒有經過你的意識，甚至在你還沒有想到之前，你的身體就完成動作了。」

相信你能明白我說的，這也說明了：**「潛意識常常走在意識之前。」**

我從生活中的例子開始引導各位進入催眠的歷史，告訴各位催眠的原理；再在催眠測試中，分享如何練習這些原理又怎麼上手，記得，催眠是用來踐行的，不是用來耍嘴皮的。

書裡我們從直接暗示的傳統催眠治療，一直淺談到運用艾瑞克森模式的治療，最後再加進阿德我整合的催眠雞尾酒療法，我只有一個期待，希望這個簡易催眠流程跟方法，可以讓催眠的門外漢更快進入艾瑞克森主張的「先開槍，再瞄準」的狀態。

最後，謝謝你把整本書讀完，希望這本書可以幫助大家從更多的角

度來認識催眠，了解催眠能帶給我們的好處，如果你對書中的內容有疑義，歡迎到我的臉書粉絲頁「德派催眠 從催眠到自我甦醒」留言討論，當然如果你想了解更多關於催眠的方法，也歡迎你來到催眠課堂上與我們一起學習。

　　期待，我們都能有個更好、更值得的人生。

....

- 《臨床催眠實用教程》Michael D. Yapko／2015 年／中國輕工業出版社
- 《完全圖解催眠》／霍欣丹編註／2009 年／南海出版社
- 《解鎖》／Peter Levine／2013 年／張老師文化出版社
- 《艾瑞克森催眠治療理論》／Stephen Gilligan／2007 年／世界圖書出版社
- 《潛意識之門》／Stephen Gilligan／2018 年／北京日報出版社
- 《不尋常的治療》／Jay Haley／2011 年／希望出版社出版
- 《催眠之聲伴隨你》／米爾頓・艾瑞克森、史德奈・羅森／2005 年／生命潛能出版社
- 《經驗式治療》／Jeffrey Zeig／2019 年／北京日報出版社
- 《Hypnosis : A Comprehensive Guide》／Tad James／2015 年／Crown House Publishing出版社
- 《A Guide To Trance Land》／Bill O'Hanlon／2009 年／ W. W. Norton 出版社
- 「Bill O'Hanlon」分別於2012年、2014年、2017年及2019年，在艾瑞克森基金會的演講及示範錄影。
- 「Stephen Gilligan」在2006年、2008年及2009年到2019年，於艾瑞克森基金會的演講及示範錄影。
- 「Jeffrey Zeig」從2010年到2019年，於艾瑞克森基金會的演講及示範教學錄影。
- 搜尋「Peter Levine」在「PESI」與「Psychotherapy Networker」網站上的所有線上教學錄影。

....

2-1 ▶「漸進式放鬆」腳本

找個不會被打擾的時間與環境，脫掉鞋子，拿掉任何有可能影響身體放鬆的東西。

現在伸展你的背部，雙腳分開，不要讓小腿或是大腿互相接觸，雙腳分開25公分左右，手臂輕鬆而柔軟的放在身旁，手掌朝下，手指鬆軟的分開。一旦我們開始，你可以保持安靜、不動的……我們第一個目標是讓你對自己的身體……不要注意，達到此一目標最好的方法就是不動……第一件事我要你做的就是，眼睛固定的注視著頭部上方天花板上的一點，選擇一個想像的一個點……不要移動，注視那一點……

現在，做一個深呼吸，讓空氣充滿肺部，睡著了……現在再做一個更深的呼吸，保持在肺裡面……慢慢的呼氣……現在睡著了……現在讓你的眼皮閉上……現在你的眼皮閉上了……請讓眼皮閉上……直到我要求你睜開眼睛……你可以有能力睜開眼睛……除非我給你直接的命令，告訴你，你的眼皮緊緊的在一起，但是我不預備這麼做……催眠是一種心理狀態，不是眼皮狀態，現在我要你在內心構築圖像，想像你自己注視著你的左腳大拇指的尖端的肌肉……在你的想像裡，順著這些肌肉移動到左腳的腳底……移動到腳弓部位……進入到了腳跟……現在，所有

的這些肌肉都鬆了……讓它們慢慢的柔軟而鬆弛……就像是懸吊著的已經鬆弛沒有彈性的橡皮帶……

現在，當肌肉開始鬆弛時……讓你的心也同時放鬆……讓你的心飄到想去的地方……讓你的心飄到你想像中的愉悅的情景……現在，讓放鬆往上移動……進到了腳踝……由腳踝往上到左膝蓋……小腿肌肉開始放鬆而柔軟，沉重……所有的緊張都消失了……隨著你的每一次的輕鬆的呼吸更加的放鬆……呼吸開始越來越深了……現在，就像是每一天晚上的呼吸一樣……在睡眠中深沉而又舒暢……想像你可以看見你的呼吸，像是白色的霧氣……離開了你的鼻子……

每一次你呼出這種白色的霧氣……你的壓力全都釋放了……進入越來越深沉的放鬆……現在，由膝蓋……往上到了左臀部……大腿的肌肉開始鬆了……放鬆……現在就放鬆了……現在這些肌肉放鬆了……再多放掉一些，慢慢的、輕鬆的、平靜的進入放鬆愉悅狀態了……

現在由左腳開始的放鬆波動，移動到了右腳的拇指……到了腳弓……到了腳跟……讓所有的這些肌肉都鬆了，進入越來越深的放鬆……波動到了腳踝……肌肉鬆了……由腳踝到達了膝蓋……小腿的肌肉放鬆了……隨著每一次輕鬆的呼吸，你更放鬆……你所聽到的聲音，每個聲音都將你帶入越來越深而舒暢的睡眠……由膝蓋往上到了右臀……大腿肌肉柔軟而又輕鬆……現在，當這些肌肉放鬆了……你就進入了越來越深沉睡眠……讓所有的肌肉都放鬆，進入深深的睡眠……

現在，放鬆的波動繼續往上……進入胃部……進入太陽神經叢……神經能量的中心……每束肌肉和神經都放掉了緊張壓力……放鬆……你

也進入深沉的睡眠狀態了⋯⋯往上通過了肋骨，肌肉放鬆了⋯⋯進入了胸部的肌肉⋯⋯胸部的肌肉柔軟而且鬆了⋯⋯如此的放鬆⋯⋯你的緊張壓力全都釋放出去了⋯⋯隨著你的每一次心臟的跳動⋯⋯你更加的放鬆⋯⋯進入了深沉的睡眠了⋯⋯進入脖子⋯⋯

肌肉放掉了⋯⋯就像是每一天晚上的熟睡一樣⋯⋯讓它們全都放鬆⋯⋯進入更深更深的睡眠⋯⋯現在讓這鬆往下到達背部⋯⋯由頭顱的底部到達脊椎的底部⋯⋯沿著脊椎的每一條肌肉、神經都去除了緊張壓力⋯⋯放鬆⋯⋯你也進入很深很深的睡眠⋯⋯這放鬆的波動散布到整個背部的肌肉⋯⋯

背部的每一條肌肉、神經全都鬆了，進入越來越深的睡眠了⋯⋯進入了肩膀⋯⋯肌肉放鬆了⋯⋯由肩膀往下到兩隻手的手肘，小臂的肌肉柔軟而鬆弛⋯⋯雙手的手腕到手指尖⋯⋯每條肌肉、神經全都將壓力緊張釋放了⋯⋯柔軟而放鬆⋯⋯你進入了越來越深的睡眠⋯⋯到了下巴，肌肉放鬆了⋯⋯上下顎略為的分開⋯⋯牙齒沒有接觸⋯⋯嘴巴四周，肌肉鬆掉了⋯⋯往上到了鼻子放鬆了⋯⋯眼睛四周，肌肉很沉重，很鬆⋯⋯眉毛現在也放鬆了⋯⋯前額，肌肉平滑了⋯⋯頭顱頂部⋯⋯往下到頸部背部⋯⋯顳部，耳朵四周⋯⋯所有的肌肉都鬆了⋯⋯就像是懸吊著的已經鬆弛沒有彈性的橡皮帶⋯⋯

現在你可能會感覺到一種愉快的刺刺的感覺在拇指或是手指的尖端，一種愉快的刺刺感覺越來越明顯⋯⋯你的整個身體全都浸潤在完完全全徹底的愉悅的放鬆狀態⋯⋯

現在，你已經完全的放鬆了⋯⋯每條肌肉、神經都完全的柔軟、放

鬆……你覺得很好！

「漸進式放鬆」示範

https://youtu.be/v9b1gjOWw0w

2-2 ▶「手指沾黏」腳本與解說

你相信人跟人之間是有磁場的嗎？好像有些人會讓你覺得很吸引，而有些人就會讓你覺得很排斥？（等來訪者點頭認同）

所以，你自己就帶著磁場，對嗎？（等他點頭）

可以邀請你把雙手借給我嗎？（等他點頭）

請你把雙手握緊，十指交握（請做給來訪者看）。你可以把兩隻食指伸直起來像我這樣嗎？（等他把動作完成）

現在要請你非常用力的把兩隻食指分開。對，你做的很好，還可以更分開一點。（確認來訪者做到了）

就像我們剛剛說的，人跟人之間有磁場，你自己身體也有磁場，我要你想像，你的手指現在受到雙方的吸引，有一個磁場就在你的手指之間產生……（這姿勢本來就無法將手指撐開很久，所以，手指往內靠是必然會發生的，催眠師要做的是等待，跟練習說廢話。但是，一面說這些重複的暗示，一面要非常認真的觀察來訪者是不是有專注的眼神，好確認他被你限縮注意力並主動想像）

看見它不能控制的向內靠，對……向內靠……不要太容易的靠近，

用力撐開……對……用力撐開……（他越用力就越容易耗盡力氣，只有在看見他的手指開始不能控制的向內靠時，才開始下面引導）

可是，你就是不能控制……對……不能控制的向內……就像那個磁力越來越強，而你不能抗拒……對……越來越靠近……更靠近……更靠近……

（當你看見來訪者的手指可以向內靠，而且他出現專注及迷惑的表情，表示這個來訪者可以繼續做手指沾黏。如果他只是手指不能自主的向內靠，但是表情沒有很專注，你就知道往下做手指沾黏的失敗率很高，你可以選擇停在這裡，然後接b1台詞）

（b1）你做的很好，現在可以停下來了。你有什麼體驗？

（接著做一點催眠的解說，你可以選擇做「漸進式放鬆」或自律訓練來讓他進一步體驗什麼是催眠，這可以增近你們的關係以及他對催眠的認同）

（反之，如果你發現他既專注又有迷惑，那就直接進行手指沾黏，請接b2這一段）

（b2）你不能抗拒……不能抗拒……然後你的手指就黏住了，我要請你想像，就在兩隻食指之間充滿了膠水，膠水多到好像有膠水從指縫中流出來，然後你的手指就越來越黏……越來越黏……它就就黏住了……黏住了……黏住了……再也不能打開……你可以試著打開（這句話是輕柔的，說完立刻用命令式口吻說下一句），但是你發現你辦不到……你可以試著打開，但是你發現你辦不到……（催眠師一面說，一面要注意觀察對方）你可以試……但是發現你辦不到……它就黏住

了……黏住了……黏住了……

（記得要一直確認對方的表情，因為催眠過程永遠有意外，如果進行一半時發現，對方的專注力跑走了，可能是批判性意識進來，可能是專注力無法持久，是前者就停下來，跟來訪者討論發生什麼，這是催眠師累積實務經驗的時刻，如果是後者，那催眠師要思考，自己是不是整個過程做的太慢，超過正常人的專注力時間）

你做的很好，現在，你可以把手指分開了。

【補充說明】

但是對方這時如果手指還是分不開，便表示他的專注力還在手指上，別擔心，請他看著你，再說一次指令。如果還是分不開，別緊張，你伸出手，氣定神閒的協助他分開手指，比方跟他說試著動一動手，看看四周圍，等他回神，同時我還要恭喜你，你找到催眠的絕品了，稍後你應該再跟他繼續練習催眠深度，挑戰一下最深的級數。

做手指沾黏沒有什麼祕訣，就是要確實執行，你要教他先把十指緊扣，在確定他的食指是緊扣之後，再請他把食指伸直。食指伸直後，要檢查他的拳頭是不是握緊的，其他手指是不是扣緊的，有些人拇指會扣不住。

這時你要做的事情就是等待，手指會在用盡力量後合攏起來，讓它來說服來訪者自己被催眠了，過程中你也可以邊解說邊示範給他看。

很重要的事情是，測試本身就是在練習催眠，所以你可以在對方一上台的時候就對他說：「待會兒要邀請你做的事情，就是努力地遵照我的指令可以嗎？」

如果一開始對方就能夠輕易地分開，你可以說：「滿好，你的意識已經證明它隨時可以回來控制一切，這完全符合我們先前跟你說的，所有的催眠都是自我催眠，你隨時都可以操控你自己，所以，催眠很安全，對嗎？（等對方點頭）但是，這不是你要的。你想要體驗催眠，對嗎？（等對方點頭）現在，請你的意識退到旁邊繼續看著我們，維持你的安全，讓潛意識留在這裡跟我們一起工作好嗎？（對方點頭就繼續，如果他有疑慮，我們就停在這裡做一點討論，再看看要做什麼）你相信人體是有磁場的嗎？待會兒我要請你分開兩個食指，就分開一點點，像這樣子有點縫隙就可以，然後請你注意看，感覺這中間有一團東西在那裡，這就是磁場……當你體驗到手指的磁場，現在用力把手指撐開。（然後，接回前面的引導詞）」

「手指沾黏」示範
https://youtu.be/drqGchGPb-g

2-3 ▶「手指膠水」腳本（高雄四維文教院版本）

　　步驟1：邀請對方深呼吸，用舒服的姿勢坐著。

　　步驟2：邀請對方兩手手指交叉放在兩腿之間，或是手指合攏放在大腿上。

　　步驟3：請多花一點時間，用很慢的速度說以下句子。

　　眼睛凝視著雙手……凝視著雙手……

膠水從手指之間開始出來……膠水從手指之間開始出來……

膠水慢慢的瀰漫了手指……膠水瀰漫了手指……

步驟4：繼續用很慢的速度說以下句子。

當你把手指試著分開，膠水越出來，手指卻越無法分開……你試著把手指分開……努力嘗試也分不開……

步驟5：喚醒引導句。

我將從10數到1，當數到1的時候，你會回來，回來……

10……9……8……7……6……5……4……3……2……1……頭腦清晰，感覺很好！

2-4 ▶「雙手緊握」腳本並同步解說〈閉眼版〉

請你雙手向前伸直，並且將兩隻手掌打開，兩個手掌心相向。做個深呼吸，吐氣的時候閉上眼睛，讓自己放鬆下來，繼續保持雙手向前。

我要你做的事情是，想像你的手掌就像兩塊互相吸引的磁石，而它們會相互的吸引……越來越靠近（把示範者的手慢慢向內推，這是預告即將發生什麼，同時教育訓練他要配合怎麼做）……越靠近就越吸引……越吸引就越靠近……當你的手靠在一起的時候，就十指交扣扣起來（用手協助他把手指扣緊扣牢）……然後牢牢的握住……想像很多的膠水就在你的手掌跟手指間……就這樣子讓你的手掌黏在一起……再也分不開。

可以嗎，你可以做這樣的想像嗎？（等對方點頭，這是一個承諾，他答應我要做這樣的想像），現在，可以把手分開了，睜開你的眼睛，

感覺怎麼樣？可以做到嗎？（等對方點頭）好，讓我們再練習一次，請你雙手向前伸直，並且將兩隻手掌打開，兩個掌心相向。做個深呼吸，吐氣的時候閉上眼睛，讓自己放鬆下來，繼續保持雙手向前。

好，再一次把你的手掌分開，想像這邊有兩塊磁石，越來越靠近……越來越靠近……（第一次催眠師推他手掌，第二次催眠師不接觸手掌，用手在距離他的手掌4、5公分的地方，同步他越來越靠近，這會引導他出現一個錯覺，覺得你在控制他）……對……越來越靠近……越來越靠近……對……互相的吸引……（當他手一接觸就說）當你的手靠在一起的時候，把十指交扣……握住……想像很多的膠水……在你的掌心、在你的手指的指縫流出來……然後它就慢慢的凝固了……凝固了……

對……然後它們就牢牢的黏在一起了……完完全全黏在一起……（催眠師要在這個教育訓練過程中，關注來訪者是不是越來越專注跟配合催眠師的指示，如果沒有，就要多做幾次訓練，一直到他進入專注跟配合）

很好，睜開眼睛，手指打開，放下來，鬆鬆手。這很容易，對嗎？（等對方點頭）

（以上訓練過程可以重複一次到兩次，能幫助來訪者更進入狀態，如果重複了幾次，還是不能讓對方進入狀態，催眠師應該停下來跟來訪者討論發生什麼事？記得「沒有失敗，只有回饋」，這種時刻就是催眠師精進技術的時刻）

好，讓我們再練習一次，再一次把你的手掌分開，這一次我要你閉

上眼睛，而你要想像你的雙手越來越靠近……對……越來越靠近……對……越來越靠近……越靠近就越快……對……越靠近就越快（每說一次就彈指一次），那個吸引力就越來越強……越來越靠近……越來越靠近……越來越靠近……（一直說到他雙手合起來），當你的手指頭碰在一起的時候，對……它們就會十指交扣扣起來……想像很多的膠水……完完全全黏在一起……對……它就會變成一整塊，就像一整塊的木頭一樣再也分不開……

專注在你的手掌……感覺它越來越黏……更黏……更黏……（注意你說黏的時候，對方有沒有更用力扣緊，如果有，這是成功的訊號，如果沒有，催眠師可以用手包住對方的手，在說更黏這句話的同時，用重音並做出扣緊地動作，好教會來訪者做這件事）

所以，當我數到3的時候……即使你想要把它分開……你會發現你辦不到（用手教對方扣緊的教育訓練在這裡一定要結束，請催眠師放掉你的手，接下來的事，要由來訪者自己做到）……1……感覺到它越來越黏，2……它牢牢的黏住了……黏住了……黏住了……3（重音）即使你想要把它分開……你也會發現你辦不到……對，試著把它分開，（重音）你會發現你辦不到……試著把它分開，（重音）但是你會發現你辦不到……真的試著把它分開，（重音）但是你會發現你辦不到。

非常好，現在，可以把你的眼睛張開看著我，OK，你可以把手分開了……

「雙手緊握〈閉眼版〉」示範

https://youtu.be/Ro2pls9eUtQ

2-5 ▶「雙手緊握」腳本與解說〈睜眼版本〉

催眠師示範雙手緊握向前伸直，等來訪者做出動作後，催眠師接著伸出手掌，擋在他的拳頭之前3公分左右位置，然後開始。

我要你做的事情是（另一隻手按在來訪者肩膀上），不是你整個身體往前，而是站穩，讓你的拳頭往前，頂住我的手。

你可以試著頂著這個想像中的牆（即催眠師的手掌），很好，請你專注看著這個點。（指著來訪者握在上方的大姆指位置，手掌繼續頂住他的拳頭）

等一下我會把手放開，你要繼續頂住這個想像中的牆（手掌放開），對，專注看著這個點。（催眠師從來訪者前方移動到他身旁，跟他共振，從他的角度看著他的手，伸出手，指著他的大姆指）

所以我要你專注看著這個點……（催眠師回頭看來訪者確認他是否專注）越來越專注……越專注就握得越緊……握得越緊就越專注……看著這個點……更緊……更緊……更專注……（催眠師此時可以故意把手肘關節向外推，力量不要太大，除了試探他到底有沒有握得更緊，也同時催促他要鎖死手肘關節。如果你推不開，就表示他握的夠緊，而且不只是拳頭而已，他連背部的肌肉都用上了）

對……專注看著它，對……想像很多的膠水，在你的手掌跟指縫當中就凝固了……凝固了……

對，就凝固了……所以，當我數到3的時候，你的手就牢牢的黏在一起，就像它們本來就是一整塊木頭刻出來的一樣，再也分不開……1……感覺到它越來越黏……（注意來訪者的反應，黏是他扣緊雙手做出來的，當你說黏的時候，他會扣的更緊嗎？）2……它牢牢的黏住了……黏住了……3……即使你想要把它分開，你會發現你辦不到，對，很好……（重音）試著把它分開，你會發現你辦不到……試著把它分開，你會發現你辦不到……真的試……（看著來訪者）你試了嗎……很好……很好，現在（彈個指），看著我，你現在可以把手分開了。

「雙手緊握〈睜眼版本〉」示範

https://youtu.be/py24cLM67x8

2-6 ▶ 從（2-5）的雙手緊握接「下壓法」的瞬間催眠

帶瞬間催眠的時候，不是直接下壓，而是要先有一個「即將發生」的過程，跟他說：很好，等一下當我的手碰到你的手的時候，你就讓全身完完全全攤軟下來，好像一捆軟軟的橡皮筋一樣。或者也可以說，你的雙手就像溼抹布一樣掉下來，你就讓全身的肌肉放鬆下來。（你要靠近他，右手抓在他的左邊靠脖子肩膀上，左手準備壓他的手，為什麼？因為他是站著，你剛告訴他全身身體要癱軟下來，對嗎？所以你

就要用你的身體接住他的身體，當他攤軟下來時，拉著他的身體向你靠過來，讓他的身體靠在你的身體，他就不會掉下去了）

讓你全身的身體都完全的放鬆……像一團濕抹布軟趴趴的攤軟下來……你知道這是什麼意思嗎？知道就點點頭（等他點頭）很好，所以1、2、3（喊3時同時把他的手壓下來，另一隻手環過他另一邊的肩膀，把他往你身上拉過來）睡……即使你在這樣深的催眠狀態中，也是可以保持雙腳站立的……完全放鬆你的身體，雙腳直立的撐住你放鬆的身體……

【補充說明】

萬一抓不住而掉下去怎麼辦，就讓他躺下來，繼續帶催眠。

有時候是會發生這種狀況，坐在椅子上也會跌下來，但催眠師要冷靜，抓不住就順著他倒下的方向，扶著他倒下。注意保護他的頭，最重要的是，不要讓他撞到頭，順著勢讓他直接躺在地板上，把他攤平，繼續帶催眠，不要因此被嚇到，你有驚嚇就會影響到來訪者，催眠進行中，你們是一體的，任何不在預期內的發生，都必須反應的像一切早就安排好一樣。

「瞬間催眠」示範

https://youtu.be/5a3sSzRbaN0

2-7 ▶「OK測試」腳本

　　請大家把右手借給我，請抬起你的右手放在你的面前，就像我這樣（催眠師示範）比一個OK的姿勢，看著你的右手，不要看我，也不要看別人做的怎麼樣，就是專注看著你的右手……特別是你拇指跟食指接觸的地方，想像在你的指縫當中，有很多的膠水……它布滿了你的手指接觸的地方，還有點滲透的流出來……注意到這些膠水開始凝固了……而你的手指也會感覺到凝固的時候膠水的發熱……那些膠水就凝固了……凝固了……

　　你的手指完全的黏住了……黏住了……

　　你越想要分開……它就黏的越牢……

　　你越想分開……它就黏的越牢……

　　現在，試著把它分開，但你會發現你辦不到……試著把它分開，但是你會發現你辦不到……

　　對，試著把它分開，真的試、真的試，但是你會發現你辦不到……你的手指沾黏沒有辦法分開的人，請舉手，真的黏住沒有辦法分開的請舉手……可以請舉手的人站起來嗎。

　　請站起來的人，看著我、看著我，1……2……3……你的手指可以分開了。

「OK測試」示範

https://youtu.be/2gdbJzb8s0s

2-8 ▶ 「凝視法」腳本與解說

　　注視著閃亮的＿＿＿＿＿＿（找一個固定物件），眼睛注視著它，做幾個深呼吸，繼續的深呼吸，聆聽我說話的聲音，你將會發現，你的眼皮有沉重感覺了，像是有什麼重的東西放在上面一樣，你注視著這個……時間越長……你的眼皮越覺得沉重……（一定要等到對方眨眼才說後面的句子）而你眨眼……就像是感覺有什麼將它們往下拉一樣……就像是它們想要慢慢的閉上了……閉上了……更下垂……更沉重……更想睡了……而你也有了一種感覺……好像是它們要慢慢的閉上了……慢慢的閉上了……變得更下垂了……更疲乏了……當最後終於閉上的時候……你將會感覺那是多麼的美好啊……下垂了……沉重了……往下了……往下……往下……慢慢的閉上了……變的很困難去張開了……困難去張開了……而你覺得很好……非常非常困難的保持它們張開……感覺很快的它們就會緊緊的閉上了……幾乎是很緊的閉上了……幾乎是很緊的閉上了……很緊的閉上了……你的眼睛很緊的閉上了……你感覺很好……你感覺很舒適……你完全的放鬆了……就讓你自己輕鬆的享受這種舒適的放鬆狀態……你會發現你的頭將會變重了……朝向前方垂下……而你也讓自己進入一種輕鬆……平靜……放鬆的狀態。

「凝視法」示範

https://youtu.be/S_1Use1QJIM

2-9 ▶ 樓梯深化法（Staircase Method）

一會兒我將使你放鬆的更完全，等一下我將會由10往回數到1。

當我說10的時候，你將會讓你自己的眼睛繼續的閉著，當我說10的時候，你會由你的內在，看見你自己在一個小樓梯的頂端。

當我數9的時候，以及之後的數字時，每數一個數字你就往下移動一層樓梯，同時放鬆的更完全，在樓梯的底部，有一個大的羽毛床，上面有個舒適的羽毛枕。

當我數到1的時候，你會很單純的沉到羽毛床裡面，將你的頭躺在羽毛枕頭上。

10……在樓梯的頂端，眼睛閉著……9放鬆並且放掉了……8沉到更舒適、安詳、平靜的裡面了……7……6……繼續往下……5……繼續往樓梯下走，放鬆的更完全……4……3……呼吸深沉而且緩慢……2……下一個數字1，很單純的就沉到床裡面了，變得更平靜，更安詳……更放鬆……1……沉到羽毛床裡面了……讓每個肌肉鬆弛並且釋放掉……同時你進入了更平靜……安詳的……放鬆狀態……

2-10 ▶ 日曆深化法（腳本選自NGH催眠師訓練教材）

想像在你前面有一個日曆，日曆顯示著今天的日期，讓你自己很生動的感覺到日曆，如果你能夠想像到日曆的存在，請舉起你右手的食指，讓我知道你已經接受我的建議了。

現在集中注意在今天的日期，而且很清楚的看著，現在日曆開始一頁頁往回翻，翻到一個月前了，如果你能夠看到日曆上的日期，而且顯示著上個月的日期，請你舉起右手食指。（一次一個月的往前繼續下去，往前三個月之後，加快到一次往前一年）

現在日曆越翻越快，到一年前了（再次向來訪者確認）請你舉起右手手指，確定到一年前了（等他舉起右手手指）。

有時可以讓日曆翻得更快，每次往前五年（如果你要來訪者回溯到小學一年級時，大約六歲，在到達那年之前一年，讓翻日曆的速度減慢，並讓來訪者能夠集中精神在那個時間的架構上，然後才一次一個月往前到達計劃的日子，然後鼓勵來訪者去經驗發生的事情，並描述細節。在得到所需要的資料後，再回轉翻日曆的程序，把來訪者帶回到現在）。

2-11 ▶ 手墜落深化法

等一下會碰到你的手，當你的手放鬆，它應該像一塊濕抹布一樣，你的手非常的沉重，當這個手往下掉的時候，你就比之前兩倍放鬆，對，掉進去更多更多，創造更多掉進去的感覺，很舒服，很放鬆，很自在，

等一下我請你在這個放鬆的狀態裡睜開眼睛，再度閉上眼睛，你就有兩倍的放鬆……1、2、3睜開眼睛，閉上眼睛，兩倍的放鬆，對，1、2、3睜開眼睛，閉上眼睛，兩倍的放鬆，1、2、3睜開眼睛，對，閉上眼睛，兩倍的放鬆。

（接下來協助他設一個放鬆的心錨）我要你創造一個開關，對你自己，用你的食指和拇指，你壓的越用力你就越放鬆，你越放鬆，你就壓的越用力，我要你記住這個開關的力量，每一次你要準備好放鬆了，就找一個安靜的地方，按下這個開關，你的手指疼痛越重，你就越放鬆，你越多的練習，這個開關就會越牢靠……

我不要你完全醒過來，做一個深呼吸，允許自己稍微往上　點點，但是不要醒過來，比剛剛稍微清醒一點，我讓你記住現在這個感覺，當你需要休息的時候，告訴自己我準備好了，告訴自己我就要放鬆，按下這個開關，吐氣，讓自己完全放鬆下來，就讓這個開關可以喚醒你那種放鬆的感覺，好像你可以感覺自己身體往下沉，記住這個感覺，對，很好，很好，記住這個放鬆的感覺。

你壓的越用力你就越放鬆，你要做的事情就是讓自己放鬆下來。當你感覺到這個放鬆的時候，你就可以再度打開你的手指頭，再度練習開關（這裡反覆練習幾次，形成心錨），當你準備好，做個深呼吸，告訴自己我就要放鬆了，找到那個放鬆的感覺，讓身體自己跑出來，感受那個放鬆。你要做的是享受那個放鬆就好了，當你覺得夠了就可以鬆開你的手指頭，用你自己的速度和時間慢慢回來。

當你每次想醒過來的時候，慢慢鬆開你的手慢慢回來就好。（睜開

眼睛後，再測試一次剛剛心錨的開關）

「手墜落深化」示範

https://youtu.be/_niTlrqVMzM

2-12 ▶「手掌沾黏」的測試腳本

你的慣用手是哪一隻手？因為要按很久，不然很快就沒有力氣了。

可以把手借給我嗎？

像我這樣把手按在桌子上，你待會兒可以全程保持專注嗎？

專注地看著手背上的這個點……看著這個點，同時用餘光把整隻手看進去你的眼睛裡，非常非常專注的看著這個點……你越專注看著這個點，你就壓的更緊……你壓的更緊，你就越專注看著這個點……更緊，更專注……更專注……更緊……你是這樣專注的看一個點……很快，你會發現你的眼球沒辦法一直專注在那個點上面……

有的時候眼球會移動對嗎？

當你的眼球移動的時候，你會發現手有的時候清楚，有的時候模糊，對嗎？

你按的桌子也是有的時候清楚，有的時候變得有點模糊……好像你的手就陷進去桌子裡面……想像有很多的膠水在你的手跟桌子之間，當膠水凝固以後，你會發現你的手就黏住了……黏住了……

試著移動你的手看看，你是手指黏得比較多，還是你的手掌黏得比

較多？很好，讓它黏更多，試著再移動看看，是不是黏更多？

等一下，我會數到3，當我數到3的時候，你的手就完完全全黏在桌子上，再也分不開。

1感覺到越來越黏，越來越黏……2即使你想要移動它，你也會發現你辦不到……3試著移動，但是你會發現你辦不到……試著移動，但是你會發現你辦不到……試著移動，但是你會發現你辦不到……

你試了嗎？很好，你越想移動它越黏。

你的左手是可以自由移動的對嗎？現在用你的左手試著去移動你的右手，你會發現做不到，用力拉，但是你拉不動……用力拉，但是你拉不動……

現在把這個黏傳到你的左手上，你的左手就黏住了……黏住了……再也分不開……

等一下，我會數到3，當我數到3的時候，你會發現你的右手可以離開桌子，因為你的左手黏在你的右手上了……當我數到3的時候，你會發現你的右手可以離開桌子，因為你的左手黏在你的右手上了，再也分不開……1感覺到左手更黏……更黏……2左手就完完全全黏在右手上了……3你的右手可以動了，因為你的左手黏在你的右手上了。

（最後看著已黏住的來訪者，並請他看著你，身為催眠師的你這時可以輕輕彈他手指說）現在你可以分開它們了。

2-13 ▶「腳沾黏」的測試腳本

待會兒你會願意努力按照我的指示照著做嗎？（等他點頭）

謝謝。你平常穿衣服的時候，先穿左手還是右手？

那你走路的時候是先走左腳還是右腳？

請踏出左腳一步。請你專注地看著你的左腳腳尖。你是這樣專注的看一個點……很快你會發現你的眼球沒辦法一直專注在那個點上面……有的時候眼球會移動對嗎？

當你的眼球移動的時候，你會發現你的腳有的時候清楚，有的時候模糊，對嗎？

再注意到地板，也是有的時候清楚，有的時候變得有點模糊……對嗎？

現在想像你的腳陷進地板裡，牢牢的黏住了……黏住了……黏住了……想像有很多膠水從腳和地板流出來，黏住了，黏住了……現在你試著向前移動這隻腳，是不是沒有辦法移動？

你的腳黏住了……黏住了……黏住了……你試了嗎？

你覺得是腳尖黏住的多一點，還是腳跟黏住多一點？

好，現在讓腳尖黏的更牢固，非常的牢固，非常的牢固。讓腳跟也黏的越來越牢固，你整隻腳都黏住了是嗎？所以，當我數到3，你的腳就完全不能動了，1，感覺你的腳牢牢的黏住了，2，你試著移動，但是你會發現你辦不到，3，它就黏住了，黏住了，再也不能動了（這個時候如果身體不動了，就把手移開），試著移動，但是你會發現你辦不到，試著移動，但是你會發現你辦不到，你試了嗎？

很好，你現在是清醒的嗎？

你的左腳不能動是嗎？

等一下，當我點到你的右腳，你會發現你的右腳也黏住了……黏住了……黏住了……現在你的右腳也已經無法動了對不對？

（下面部分，要視來訪者情況再決定是不是要繼續）

這個黏黏的感覺也可以傳導到你的右手（把他的右手提到頭上按住），你的右手就和頭黏在一起了，即使我把手往上拉，也還是分不開對嗎？

所以右手已經黏住了……黏住了……黏住了……所以你的左手還可以動，對嗎？

那你用你的左手去拉你的右手，也拉不動是嗎？

（把他的左手黏到額頭）等一下，當你的左手黏住你的右手的時候，你的右手就可以動了……等一下，當你的左手黏住你的右手的時候，你的右手就可以動了……很好，等一下，當你的左手黏住你的右手的時候，你的右手就可以動了……

現在，你的右手可以動了，但是你的左手黏住了……（結束並喚醒）

【補充說明】

問他左腳與右腳哪一個先，是在做混淆的技巧，事實上他上台跟你講幾句話以後，你把手搭在他的左肩胛骨那裡時，然後問他：穿衣服都先穿哪一隻手？走路的時候先走左腳還是右腳？不管他說什麼，你站在他的哪一側就是那隻腳了。

如果對方說右腳，我會這樣：「呃……還是左腳？」你讓對方把重心放在左腳上，再把注意力放在左腳腳尖上，當他低頭看著腳尖，重心就會自然而然放下來。

因為當我的手放在他的左肩胛骨上時，他沒有辦法讓左腳往前，而是必須要先往後退，腳才能往前。但是由於我在他後面，而且跟他關係良好，所以他不會那樣做，因為會撞到我。

通常在試著做幾次以後，他就學會限制，這時候你讓他嘗試，他不會再往後退，他也是在這幾秒鐘之內就學會了習得性無助。當你確定他不會往後退的時候，你的手就可以拿起來了。如果你不放心或不確定他是否學會不往後退，那你的手就不能放開，更不要嘗試第二隻腳的沾黏。

總之，每一次的測試都在決定你下一步要做甚麼，看是見好就收？還是可以繼續做下去！最後提醒，做清醒催眠的態度要穩定，並且速度要快。

「腳沾黏測試」示範
https://youtu.be/N43sTFAKfrc

「腳沾黏到名字遺忘（進階版）」示範
https://youtu.be/dIR8z_vY0Xg

在華人圈，我期盼終有一天會產出屬於自己的催眠大師。

——唐道德——

FUTURE 36

催眠和你想的不一樣

作者	唐道德
特約編輯	吳慧玲
責任編輯	何若文
美術設計	張瑜卿
版權	黃淑敏、吳亭儀、邱珮芸、劉鎔慈
行銷業務	黃崇華、賴晏汝、周佑潔、張媖茜

總編輯	何宜珍
總經理	彭之琬
事業群總經理	黃淑貞
發行人	何飛鵬
法律顧問	元禾法律事務所 王子文律師
出版	商周出版
	台北市104中山區民生東路二段141號9樓
	電話：（02）2500-7008　傳真：（02）2500-7759
	E-mail：bwp.service@cite.com.tw
	Blog：http://bwp25007008.pixnet.net./blog
發行	英屬蓋曼群島商家庭傳媒股份有限公司城邦分公司
	台北市104中山區民生東路二段141號2樓
	書虫客服專線：（02）2500-7718、（02）2500-7719
	服務時間：週一至週五上午09:30-12:00；下午13:30-17:00
	24小時傳真專線：（02）2500-1990；（02）2500-1991
	劃撥帳號：19863813　戶名：書虫股份有限公司
	讀者服務信箱：service@readingclub.com.tw
	城邦讀書花園：www.cite.com.tw
香港發行所	城邦（香港）出版集團有限公司
	香港灣仔駱克道193號超商業中心1樓
	電話：（852）25086231　傳真：（852）25789337
	E-mailL：hkcite@biznetvigator.com
馬新發行所	城邦（馬新）出版集團【Cité（M）Sdn. Bhd】
	41, Jalan Radin Anum, Bandar Baru Sri Petaling,
	57000 Kuala Lumpur, Malaysia.
	電話：（603）90578822　傳真：（603）90576622
	E-mail：cite@cite.com.my

封面設計	COPY
印刷	卡樂彩色製版印刷有限公司
經銷商	聯合發行股份有限公司　電話：（02）2917-8022　傳真：（02）2911-0053

2020年（民109）10月6日初版
2022年（民111）09月27日初版3刷
定價420元　Printed in Taiwan
ISBN 978-986-477-897-3

國家圖書館出版品預行編目（CIP）資料

催眠和你想的不一樣／唐道德著－－初版－－臺北市：商周出版：家庭傳媒城邦分公司發行，
民109.10　256面；17×23公分　ISBN 978-986-477-897-3（平裝）　1.催眠術　2.催眠療法
175.8
109011643